Georg Glonner

Iraklonas

Das Gelobte Land

Georg Glonner

Iraklonas

Das Gelobte Land

VERLAG GEORG GLONNER

All jenen gewidmet, die aufrichtig die Wahrheit suchen

In der Reihe IRAKLONAS sind bisher erschienen:

Der Rebell
Wäring des Kaisers
Der Akrite
Herculla der Römer
Ritter der Tafelrunde
Das Gelobte Land

Erste Auflage 2020

Umschlaggestaltung und Abbildungen: Georg Glonner
Umschlagabbildung: Lanzelot hält sich nicht für würdig, die Gralskapelle zu betreten
Druck und Bindung: Books on Demand GmbH, Norderstedt
Printed in Germany
ISBN (hardcover) 978-3-946439-96-7
ISBN (e-book) 978-3-946439-36-3
ISBN (paperback) 978-3-946439-76-9

Weitere Informationen zu diesem Buch und dem gesamten lieferbaren Programm finden Sie unter

www.geokaste.de

Vorwort

Liebe Leserin, lieber Leser,
es freut mich, dass du dieses Buch in die Hände genommen hast, um es zu lesen. Es ist über einen langen Zeitraum gewachsen und durch mehrere Überarbeitungen gereift. Stets habe ich darauf geachtet, dass es ein besonderes Buch wird. 2004 begann ich diese Erzählung zu planen und entwickelte sie bis 2008 in groben Zügen als Fortsetzung von Buch 5. Zur Sühne für ihre Schuld am Untergang Camelots wollen Lanzelot und Königin Guinevere nach dem Heiligen Gral suchen, der nach Auskunft des heiligen Brendan im fernen Westen jenseits des Meeres zu finden ist. Iraklonas möchte die Pilger eigentlich nur bis zu den Säulen des Herkules begleiten. Aufgrund der Kunde von einem reichen Goldland im Süden und der widrigen Meeresströmungen verschlägt es aber auch ihn und seine Familie in den Westen, wo sie auf die untergehende Kultur der Maya treffen und für Götter gehalten werden. Da sie die blutigen Opferpraktiken der Maismenschen aber ablehnen, geraten sie in Widerspruch zu den Machthabern und in Lebensgefahr. Nach langer Wanderschaft erreichen sie die Ostküste Nordamerikas, wo sie auf irische Mönche treffen.
Gefällt dir dieses Buch, so erzähle das bitte deinen Freunden, damit es auf dem Büchermarkt bekannt wird und noch vielen anderen Lesern dieselbe Freude schenken kann.
Vielen Dank und viel Spaß beim Lesen.

München, den 13. Februar 2020
Georg Glonner

Inhaltsverzeichnis

Quellennachweis:
Zitate: Weisheiten des Konfuzius: aus dem Internet, zum Beispiel www.planetsenior.de/weisheiten_des_konfuzius; Zitate aus der Bibel: Einheitsübersetzung der Heiligen Schrift, Stuttgart, 2016. *Beschreibungen*: Das Königreich Gana und die Audienz vor dem König: GEO Epoche Nr. 35, Die Welt im Jahre 1000, S. 56-63; die Entdeckung des Eratosthénis: Sagan, C., Unser Kosmos, S. 26-28; zur „Geografiké" des Klaudios Ptolemäos: National Geografic, Atlas der Entdeckungen, S. 34f; Oxhuitza, Tikal, das Opferritual des Königs, soziale Struktur der Maya Ende des 9. Jh.: GEO Epoche Nr. 15, Maya • Inka • Atzteken, S. 52ff; Skorbut: Bertino, S., Poirier, J., Die Eroberer der Weltmeere, S. 48-50; Landschaften an der Küste Venezuelas, speziell Macuro, und die Halbinsel Paraguná mit dem Natronsee: Hillrichs, H. H., TERRA X, Von den Steppen der Mongolen zu den Inseln über dem Regenwald, München 1991, S. 115. 123; die Rüstungen von Lanzelot, Erec und Bors: Funcken, Rüstungen und Kriegsgeräte im Mittelalter, S. 11 und 13; Kriegstrachten der Maya: Saxtorph, N., Kriegstrachten in Farbe, Abb. 316 und 318. Der Heilige Gral (der Tassilokelch): Enzyklopädie der Weltkunst Bd. 5, S. 1409; irische Curraghes: Hofman, I., TERRA X, Und dann kam Kolumbus, S. 141;
Legenden aus der Artussage: Lanzelot vor der Gralskapelle folgt dem Band „Die Ritter der Tafelrunde" der Time-Life-Reihe Verzauberte Welten.
Lanzelot und seine Gefährten bezeichnen Iraklonas und Vereníki mit lateinischen Namen: Herculla und Berenice. Da sich die sogenannten Byzantiner selbst stets als *Rhomaioi* (Römer) verstanden, ist hier vom Römischen Reich die Rede, wenn es um das Byzantinische Reich geht.

Im Goldland

König Artus und seine ruhmreiche Tafelrunde waren durch das Intrigenspiel seines eigenen Sohnes Mordred von Orkney und Lothanien untergegangen. Sieben Monate lag die Entscheidungsschlacht bei St. Austell zurück, in der Vater und Sohn ihr Leben verloren hatten. Zusammen mit meiner Frau Vereníki, unseren drei Kindern Leonidas, Zoï und Evdoxía, unserer Zofe Klara und meinen Gefährten Aethelred und Johannes lebte ich, Yong Gan-de Iraklonas, chinesischer Schwertmeister, Akrite des Kaisers und Ritter der Tafelrunde, in der kleinen Burg von Rosko. Dieses Lehen gehörte nun zum bretonischen Reich des Königs Nominoë des Jüngeren, das seinerseits bereits vom Westfrankenreich bedroht wurde. Bald nach der Schlacht und meiner Rückkehr war mein Freund Thorwald, der meine Familie vor Mordreds Häschern in Rosko beschützt hatte, zu einer Handelsfahrt ins Mittelmeer aufgebrochen. Diese Tage kehrte er wieder zu uns zurück. Wir hatten vereinbart, dass er uns dann in den Osten mitnehmen sollte. Denn die fünf Jahre der Verbannung aus dem Römischen Reich, die ich mir wegen meiner Freundschaft zum Emir Abdullah von Meliténi auf mich gezogen hatte, waren nun bald verstrichen. Und da nun auch unsere jüngste Tochter Evdoxía schon ein halbes Jahr alt war und die lange und beschwerliche Reise ins Reich des apostelgleichen Kaisers bewältigen konnte bereiteten wir den Aufbruch unserer unsicheren, gefährlichen Reise vor. Wie ich es mit dem jetzigen Regenten auf Camelot vereinbart hatte, schickte ich bei Thorwalds Ankunft einen Boten zu Lanzelot.

Zehn Tage später traf eine Prozession am Gestade von Rosko ein, die an die glanzvollen Tage von König Artus erinnerte: an der Spitze ritten prächtig gerüstet Lanzelot, Erec, Bors und Parzival. Dahinter kamen ein Dutzend Kriegsknechte in den schönsten Gewändern, die auf Camelot noch zu finden waren. Königin Guinevere trabte in ein Nonnengewand gehüllt in ihrer Mitte. Vereníki und ich begrüßten sie überrascht.

„Ich hatte Euch davon erzählt, dass wir nach dem Heiligen Gral suchen wollen", erklärte uns Lanzelot. „Euer Aufbruch in den Osten schien der Königin und mir die passende Gelegenheit, zu unserer Pilgerfahrt aufzubrechen."

„Unsere Wege werden aber nicht auf den gleichen Routen verlaufen", gab ich zu bedenken. „Der Bericht des heiligen Brendan spricht davon, dass ihr den Heiligen Gral im Westen, jenseits des Meeres suchen müsst. Wir aber werden durch die Säulen des Herkules ins Mittelmeer fahren."

„Zumindest bis dorthin können wir gemeinsam reisen", schlug Guinevere vor. „Setzt uns in Spanien an Land, damit wir uns ein Schiff für unsere Westfahrt besorgen. Es ist uns angenehm, noch eine Weile mit Freunden zu reisen." Vereníki und ich sahen uns an. Auch Thorwald nickte. Also gaben wir unser Einverständnis. Denn in diesen unsicheren Zeiten, da maurische Piraten entlang der Küste lauerten, war jeder erfahrene Krieger an Bord des Langschiffes willkommen. Wir beluden also das Langschiff mit allem, was wir dort unterbringen konnten und feierten mittags vor dem Aufbruch ein üppiges Fest, bei dem wir alle Vorräte Roskos aufbrauchten, die auf dem Schiff keinen Platz mehr fanden.

„Nun ist also der Zeitpunkt gekommen, an dem auch wir uns Lebewohl sagen müssen“, sagte ich zu Aethelred und Johannes, nachdem wir das letzte Stück braten verzehrt und den letzten Krug Met getrunken hatten.
„So ist es, Herculla“, bestätigte Aethelred. „Wie ich es Euch schon angekündigt hatte, werde ich auf meinen Stammsitz in Kent zurückkehren.“
„Vergesst nicht, in Merlins Turm auf Camelot mitzunehmen, was Ihr transportieren könnt, damit dieser Schatz an Wissen und Kultur nicht ungenutzt vermodert“, bat ich ihn.
„Ich werde die Bücher nach Canterbury bringen, damit man sie dort in die Bibliothek stellt“, gab Aethelred sein Einverständnis. Ich wandte mich Johannes zu, um auch ihn zu verabschieden. Doch der junge Mann wehrte ab.
„Ich will mit Euch kommen“, bat er. „Ihr wisst, ich bin Jude. Für mich ist es verboten, das Kriegshandwerk auszuüben. Und doch bin ich mit Euch zu den Schlachtfeldern gezogen und habe für König Artus gekämpft. Mein Vater in Exter wird mich verstoßen. Als Jude werde ich keinem anderen Herrn hier dienen können. Darum möchte ich bitten, in Euren Dienst bleiben zu dürfen.“ Ich musste mir eingestehen, dass er Recht hatte. Schon von Anfang an hatte ich die Bedenken, die er nun aussprach, aber ich hatte ihn trotzdem in meinen kleinen Verband aufgenommen und er hatte sich in jeder Hinsicht bewährt. Also stimmte ich zu und wies dem Freudestrahlenden an, seine Sachen auf das Schiff zu bringen. Dann umarmte ich Aethelred, der sein Pferd bestieg und Rosko ostwärts verließ.
„Dann wollen wir nicht länger warten!“, rief Thorwald über den Platz. „Flut und Wetter sind günstig und wir sollten nun keine Zeit mehr verlieren!“ Das Drachenschiff legte

noch zur selben Stunde ab. Die Kriegsknechte blieben winkend am Ufer zurück. Es war ihnen erlaubt worden, alles mitzunehmen, was sie in Rosko noch fanden, um sich anschließend einen neuen Herrn zu suchen. Thorwalds Männer ruderten den Kanal hinaus und es schien ihnen, als erstrahle weit in der Ferne im Licht der abendlichen Sonne letztmals das verlassene Camelot, ehe es dem Verfall und der Vergessenheit anheim fiel.

Unser Weg führte zunächst um Bretonien herum und dann südostwärts in Sichtweite der Küste voran. Immer wieder drängten mich Lanzelot, Erec oder Bors im frommen Eifer, ob ich nicht doch mit ihnen kommen wolle. Ich hatte mit Veretíki aber bereits beschlossen, ins Römische Reich zu fahren und wollte meinen Kindern weder eine Verlängerung der gefahrvollen Reise noch die Unwägbarkeiten des Ungewissen zumuten. Darum wies ich ihr Ansinnen höflich aber bestimmt zurück. Als wir schließlich die galizische Küste erreichten, verabschiedete sich Parzival von uns. Er hatte beschlossen, nach Santiago de Compostella zu gehen, um dort sein Leben am Grab des Apostels Jakobus in Gebet und Andacht zu beschließen. Da unsere Fahrt weiter nach Süden bald an der Küste des arabischen Spanien entlangführte, mussten wir auf der Hut vor Piraten sein. Thorwald gab seinen Männern daher den Befehl, westwärts zu steuern, bis die Küste außer Sicht geriet. Nun packte er eine hölzerne Navigationsscheibe aus, auf die er sichtlich stolz war. Das Gerät setzte sich aus einem Stab zusammen, der in einer runden Scheibe steckte. Auf dem Rundling hatte der Wiking bereits etliche Kerben und andere Markierungen gesetzt.

„Wenn ich meine Navigationsscheibe mittags auf die Sonne ausrichte, kann ich jeden der hier verzeichneten

Orte ansteuern, ohne mich dafür am Land orientieren zu müssen“, erklärte er uns. „Auf diese Weise bleibe ich außerhalb der Sichtbarkeit für maurische Seeräuber.“

„Aber durch die Säulen des Herkules musst du trotzdem steuern“; gab Vereníki zu bedenken.“

„Ja, aber da werden wir des Nachts durchfahren“, zerstreute er ihre Bedenken. „Ich fahre diese Strecke nun schon viele Jahre und konnte die Piraten zu allermeist austricksen.“ Endlich erreichten wir die weite Mündung des Flusses Tajo in den Atlantik, die die Emire durch die Festung al-Ushbuna gesichert hatten. Thorwald ließ das Segel einholen, damit wir trotz unserer weiten Entfernung zum Festland nicht gesichtet werden konnten.

Da meldete der Ausguck weit draußen im Meer ein Schiff treiben. Thorwald befahl es anzulaufen. Er hatte Vereníki versprochen, wegen unserer Kinder jeder Auseinandersetzung aus dem Weg zu gehen – sehr zum Verdruss seiner Recken. Dieses Schiff allerdings schaute nicht wehrhaft aus; eher das Gegenteil schien der Fall: Das Segel flatterte zerfetzt und angesengt im Wind, Schanzkleid und Aufbauten wiesen Schäden auf. Als Thorwald zusammen mit Erec und mir über die Reling kletterte, sahen wir viele leblose Gestalten auf dem Deck liegen. Wir erkannten sofort, dass es keine Seuche war, die die Männer niedergestreckt hatte. Einige zeigten Spuren eines blutigen Kampfes, alle waren ausgemergelt vom Durst. Thorwald rief einige seiner Männer herüber. Sein Medicus untersuchte sie und ließ die Toten gebührend ins Meer versenken. Die, welche noch lebten, versorgte Thorwald großzügig aus seinem eigenen Vorrat. Neben Wasser und Speisen ließ er auch sein eigenes Ersatzsegel herüberbringen und gegen das beschädigte auswechseln.

„Sollten wir nicht unsere Wasservorräte besser bemessen?", fragte ihn Erec, als er sah, wie ein Fass nach dem anderen herübergebracht wurde. „Ich möchte nicht, dass wir dann später selbst kein Wasser mehr haben."

„Ich mag ein grobschlächtiger Wikinger sein", antwortete Thorwald ernst. „Aber ich kenne die Tücken der Seefahrt. Wir müssen gegen die übermächtige Natur und Banditen zusammenhalten. So kümmere ich mich nicht darum, wer der Notleidende ist. Ich gebe jedem das, was er braucht. Wir selbst werden unsere Vorräte schon wieder auffüllen können." Einige seiner Leute brachten einen hageren Mann zu Thorwald.

„Meine Herrn, erlaubt mir, dass ich mich im Namen meiner Mannschaft für Euren Großmut bedanke", seufzte er in lateinischer Sprache. „Ich bin der Kapitän dieses Schiffes. Bitte folgt mir in meine Kammer. Ich möchte Euch etwas zeigen." Aus einem Versteck holte er lächelnd einen Lederbeutel hervor.

„Wir sind Händler aus Gaëta. Wir hatten an der Maghrebküste Handel getrieben und wollten in unsere Heimat zurückkehren", berichtete er, indem er ihn auf einen Tisch legte. „Doch wir wurden nahe der Säulen des Herkules von maurischen Piraten aus Spanien angegriffen und geentert. Die Emire von Córdoba und des Maghreb lauern jedem auf, der sich ihren Herrschaftsgebieten nähert und erheben hohe Zölle. Wer sich weigert zu bezahlen, den rauben sie aus." Thorwald pflichtete ernst bei. „Nach einem kurzen, aussichtslosen Kampf haben wir uns ergeben und ihnen alles überlassen, was wir hatten. Meine besten Männer haben sie versklavt. Ohne eure Hilfe wären wir Restlichen elendig zugrunde gegangen. Ich möchte euch darum meinen Dank mit dem bekunden, was ich vor den gierigen Muselmanen geheim halten konnte.“ Damit öffnete er den Beutel. Hypnotisierend glänzend und glitzernd rieselte Goldstaub hervor; ein ganzer Sack reinsten Goldes. Der Kapitän sah das Staunen in Thorwalds Augen.

„Ihr hättet uns leicht ausrauben können, um zu nehmen, was uns noch geblieben ist“, lächelte er. „Stattdessen habt ihr uns mit offenen Herzen und Händen geholfen. Was immer der Rest der Christenheit sagen mag. Heute habe ich die Wikinger als großherzige Helfer kennen- und achten gelernt. Dafür will ich euch sagen, wo es noch viel mehr Gold zu holen gibt. Wir erwarben diesen Beutel hier in der Stadt Safi, weit im Süden des Maghreb. Der Händler erzählte mir, es stamme von einer Karawane, die die große Wüste durchquert hatte. Jenseits, tief im Süden liegt das Reich des Gana. Dort findet ihr mehr Gold als sonst wo auf der Welt. Der römische Kaiser bezieht von dort ebenso seinen Reichtum, wie der Kalif von Bagdad und der Negus der Äthiopier. Wie mir der Händler versicherte, kann man auch mit dem Schiff dorthin gelangen. Man muss der Küste folgen, bis man auf einen großen Strom stößt, der sich dort ins Meer ergießt. Flussaufwärts gelangt man dann ins Goldland, so wurde es mir gesagt.“ Der Kapitän füllte einen Teil seines Goldes in einen kleinen Beutel und überreichte ihn Thorwald. „Nur der König verfügt über die Goldschätze seines Landes. Doch er gibt sie gerne für das, was er selbst nicht besitzt: Salz.“

„Lieber Freund“, erwiderte Thorwald gerührt. „Du gibst uns das Letzte, was dir geblieben ist. Und das für ein wenig Wasser und Fleisch. Wir werden dafür dein Schiff wieder seetüchtig machen.“ Zurück an Deck gab Thorwald seinen Männern Anweisungen, herüberzukommen und die

Schäden auszubessern, die die Piraten angerichtet hatten. Bei allem Verständnis murrten seine Nordmänner, denn sie konnten nicht recht verstehen, wie sich ihr Anführer plötzlich so sehr dieser fremden Leute annehmen konnte. Als der Gaëtaner unter geblähtem Segel und dankbar winkend zu den Säulen des Herkules aufbrach, rief Thorwald seine ungeduldigen Männer zusammen und erzählte ihnen vom Goldland und zeigte ihnen den Goldstaub, den der Kapitän ihm geschenkt hatte. Ich ahnte schon, worauf der Wiking hinaus wollte.
„Ich möchte dich an das Versprechen erinnern, das du uns gegeben hast“, wandte ich ein. „Du willst mit uns nach Konstantinupolis fahren, und unsere Freunde zuvor an einem geeigneten Hafen absetzen. Du sollst nicht denken, wir seien feige. Vereníki, Johannes und ich selbst würden keinen Augenblick zögern, mit dir zu fahren, wohin uns der Wind trägt. Lanzelot und seine Freunde, mit denen dich und deine Männer seit unserem Aufbruch eine herzliche Freundschaft verbindet, scheuen das Unbekannte auch nicht. Doch deine Goldfahrt wird einige Monate in Anspruch nehmen und uns weit vom Kurs abbringen Da sehen wir eine Gefahr für unsere Kinder heraufziehen. Wenn ihnen auf dieser Fahrt etwas zustieße, Thorwald, würde ich sie an dir rächen.“
„Ich denke an mein Wort, das ich euch gegeben habe“, widersprach Thorwald grollend. „Aber ich kann das ohnehin nicht allein festlegen. Wie du weißt, sind wir Wikinger ein Volk, das seine Entscheidungen in der Ratsgemeinschaft des Things fällt. Ich weiß nicht, ob ich meine Männer jetzt davon überzeugen kann, die Reise ins Goldland zu verschieben. Selbstverständlich dürft auch ihr Ritter als Mitglieder am Thing teilnehmen.“

„Dein Gesicht zeigt mir Bedauern, aber deine Augen, Thorwald, belügen mich nicht“, schaltete sich Vereníki ein. Mit kalter Miene beobachtete sie das wütende Aufflackern in Thorwalds Blick. Sie hatte ihn vor seiner ganzen Mannschaft bloßgestellt – eine Kränkung für einen Anführer wie ihn. Doch Thorwald legte die Hand nicht an sein Schwert. Er hatte es nicht nötig, sein Gesicht zu wahren. Und im Innersten seines Herzens wusste er sehr wohl, dass diese junge Frau, die er hoch verehrte, ihn durchschaute.

„Bedenkt dies, Frau Vereníki und Herr Iraklonas“, antwortete er nur kühl, „ich kann meine Männer vielleicht umstimmen und unseren Kurs wiederaufnehmen. Ich zweifle nicht daran, dass wir auch später noch das Goldland finden werden. Aber erwägt wohl die Worte des Kapitäns: Die arabischen Piraten sind unterwegs. Sie haben uns bislang ungeschoren gelassen. Ich weiß aber nicht, ob unser Glück von Dauer sein wird. Die Mauren mögen uns irgendwann stellen und zum Kampf herausfordern. Ich glaube nicht, dass diese Fahrt für eure Kinder sicherer sein wird als der Weg nach Süden.“ Ich blickte Thorwald ernst an. Ich konnte seinen Argumenten nicht widersprechen. Zweifellos hatte er Recht. Darum blickte ich mich zu Vereníki, Guinevere und Lanzelot um.

„Ich will ins Römische Reich zurück, wie es abgemacht war“, erklärte Vereníki auf meine stumme Frage. „Ich will für meine Kinder keine Gefahren eingehen, die vermieden werden können.“ Guinevere, die unsere Kinder inzwischen auch sehr ins Herz geschlossen hatte, stimmte zu. Auch Lanzelot, Erec, Bors und Johannes schlossen sich dem an.

„Also gut!“, grunzte Thorwald missmutig. „Ich hatte mein Wort gegeben…“

„Segel voraus!“, fiel ihm plötzlich Sigbjörn vom Ausguck ins Wort. Thorwald wandte sich nur widerwillig in die angegebene Richtung. Die dreieckigen Lateinsegel von fünf arabischen Dhaus kreuzten am Horizont von Cádiz kommend auf und hielten auf uns zu. Vor dem Wind laufend, schäumte das Wasser vor ihrem Bug auf.

„Wir haben ohnehin keine Wahl mehr“, erklärte Thorwald an Vereníki gewandt. „Wenn wir diesen da nicht entkommen, werdet Ihr Eure Kinder und Euch selbst auf dem Sklavenmarkt wiederfinden. Ohne eine Erwiderung abzuwarten, befahl er seinen Männern, sich in die Riemen zu legen und legte Südkurs an. Der Wind schlug uns nun entgegen entgegen. Trotzdem kamen wir überraschend schnell voran. Rolf, der Steuermann machte uns zuerst darauf aufmerksam, dass wir uns trotz des Gegenwindes in einer starken Strömung bewegten, die den Wikingern nie zuvor aufgefallen war, weil sie nie so weit nach Westen hinausgefahren waren. Die Dhaus mussten jetzt gegen den Wind kreuzen und wurden zusätzlich von der gleichen Strömung abgedrängt. Sie blieben den ganzen Tag auf Abstand. Aber sie dachten aber nicht daran, die Verfolgung aufzugeben.

„Im Süden erwarten uns Abenteuer, die ich nicht abschätzen kann, das gestehe ich ein“, meinte Thorwald an uns gerichtet. „Gefahrvoll und ungewiss wird aber unsere Reise so oder so. sein Wir wollen hoffen, dass die Piraten irgendwann die Lust verlieren und von uns ablassen.“

„in jedem Fall erkenne ich Gottes Willen dahinter“, schaltete sich Lanzelot ein. „Seht doch, er treibt uns voran und hält die Mauren von uns fern! Es ist Gottes Wunsch, dass wir dorthin fahren!“

„Dann stimme ich der Fahrt in den Süden zu“, lenkte Vereníki ein. „Zumindest kann ich so das in meiner Macht stehende tun, um die Gefahr von meinen Kindern fernzuhalten. Wenn unser Herr Jesus es will, dann folge ich ihm. Gib es zu, Thorwald, diese Piraten kommen dir sehr gelegen.“

„Maurische Seeräuber sind die Ausgeburt der Hölle!“, erwiderte Thorwald verächtlich. „Die wünsche ich keinem an den Hals. Lieber verzichte ich auf alles Gold der Welt. Los Leute, hängt euch in die Riemen!“, rief er seiner Mannschaft zu. „Ins Goldland wollen wir gehen, nicht auf den Sklavenmarkt!“ Seine Männer johlten begeistert auf und mobilisierten all ihre Kräfte. Die Skalden hatten in Britannien davon erzählt, dass die Flotte des Emirs von Córdoba eine Wikingerflotte bei den Säulen des Herkules versenkt hatte und man hörte von ihnen auch noch immer die Saga von einer nordischen Schiffsbesatzung, die sich vor den Arabern zu Kaiser Theófilos geflüchtet hatten und unter seinem Schutz durch das Frankenreich hindurch wieder in ihre Heimat zurückkehren konnte. Mit diesen kühnen Seefahrern wollten es selbst die Mannen von Thorwald nicht aufnehmen.

Unser Drachenschiff fuhr weitab der Küste und nutzte die Südströmung und die endlich auf Süden umspringenden Winde. Allerdings half das auch den schnellen Dhaus, die mittlerweile auch in der Strömung fuhren und ständig näher kamen. Thorwald und ich stellten uns mit unseren Gefährten schon auf einen Kampf auf Leben und Tod ein, als sich Sigbjörn von der Rahe wieder meldete. Er wies in östliche Richtung. Dort sahen wir eine schmutziggraue Wand stehen, die wie eine Nebelbank allmählich näher kam.

„Was ist das?“, grummelte Thorwald. Diese seltsame Wand schien vor uns zu schweben und wurde langsam immer größer.
„Das ist kein Nebel“, stellte Bors fest.
„Nein, Nebel ist es nicht“, antwortete Thorwald. Weiter kam er nicht. Mit einer Heftigkeit, die ihm den Atem verschlug traf der Sandsturm aus der Wüste auf uns. Glücklicherweise waren die Leinen des Segels nicht allzu fest verschnürt. Sie rissen sich los und ließen das Segel im Wind tanzen. Andernfalls wäre es wohl samt dem Mast über Bord gegangen. Niemand vermochte dem Sandsturm das Gesicht zu bieten und der feine Wüstensand fand seinen Weg in jede Ritze. Sobald Thorwald wieder einen Ton herausbrachte, ließ er das Segel einholen und das Schiff in den Sturm hineinsteuern. Lanzelot, Erec, Bors, Johannes und ich gingen den Wikingern an den Rudern zur Hand. Andere schöpften den Sand über Bord. Fluchend und mit geschlossenen Augen ruderten die Nordmänner dem Wind entgegen, gefoltert vom Sand, der über ihre Haut schmirgelte und sie pickelte wie tausend Nadelstiche. Schnell sammelte Vereníki mit Guinevere und unserer Zofe Klara unsere weinenden und schreienden Kinder ein und flüchtete unter Deck. Nach fast einer Stunde hörte der Spuk so plötzlich auf wie er begonnen hatte. Von den Dhaus war keine Spur mehr zu sehen. Thorwald wollte aber sichergehen, dass sie uns nicht doch noch irgendwo auflauerten und ging erneut auf Südkurs. Der Sand war überall, selbst in den Vorräten unter Deck und im Wasserfass. Das erduldeten wir aber gerne, sofern wir nur von den Seeräubern verschont blieben.
Während unserer weiteren Fahrt holte Thorwald stets zur gleichen Zeit seine hölzerne Kompassscheibe heraus

und richtete sie nach der Sonne aus. Anhand weiterer Kerben und Einritzungen dokumentierte er die Reise, um den Weg später wieder finden zu können. Dabei war ihm Leonidas ein wissbegieriger Schüler, dem er alles genau erklärte. Täglich wurden die Strahlen der Sonne wärmer und des Nachts beobachteten wir den Polarstern, wie er tiefer und tiefer zum nördlichen Horizont sank. In der Zwischenzeit diskutierten Lanzelot und seine Gefährten mit mir über Einzelheiten im Bericht des heiligen Brendan oder sie unterhielten die Wikinger mit Erzählungen ihrer zahlreichen Abenteuer, sodass die Reise kurzweilig wurde und die Nordmänner die britischen Ritter immer mehr in ihre Herzen schlossen. Mehrmals wollte Thorwald die Küste des Maghreb ansteuern, um mit den dortigen Sarazenen Handel zu treiben. Doch mussten wir bald feststellen, dass der starken Meeresströmung mit unserem Schiff nicht zu entkommen war. Weil günstige Winde das Drachenschiff rasch südwärts vorankommen ließen, störte sich niemand daran. Doch bald schon mussten wir dursten, denn kein Land kam vor uns in Sicht und die endlose Wüste im Osten verbarg sich vor uns.

Als die Stimmung an Bord bereits zu kippen drohte, glänzte eines Tages in der Ferne voraus ein schneebedeckter Berg in der Sonne. Eifrig legten wir uns in die Riemen, denn dieser Berg verhieß frisches Wasser. Die Gralssucher meinten gar, Brendans Gelobtes Land schon gefunden zu haben. Wir stießen auf eine Gruppe sehr unterschiedlicher Inseln. Östlich des Schneeberges fanden wir ein großes, grünes Eiland und liefen es an. Dort fanden wir ein wahres Paradies. Nachdem wir unsere Vorräte hatten, machten wir uns an die Arbeit, Salz als Tauschware für das Gold zu produzieren. Da ich diese Arbeit bereits als

Sklave in Mazra'a am Toten Meer verüben musste, konnte ich den Nordmännern Anweisungen geben, wie sie es anstellen mussten: Sie hoben am Strand flache Pfannen aus, in die sie Meerwasser einströmen ließen, damit die Sonne das Wasser verdunstete. Schon nach wenigen Tagen konnten wir das erste Salz abbauen. Vom Sand gereinigt füllten wir es in Säcke ab. Fast einen Monat blieben wir auf der Insel, um eine ansehnliche Menge Salz herzustellen. Lanzelot und seine Freunde drängten Thorwald mehrmals, er möge doch aufbrechen und auch die anderen Inseln anlaufen, um zu sehen, ob das hier das Gelobte Land sei, in dem der Heilige Gral zu finden war. Doch ich musste ihre Hoffnungen zerstreuen. Denn Brendans Bericht sprach von ganz anderen Pflanzen, als sie hier zu finden waren. Das Gelobte Land musste weiter im Norden zu suchen sein. Die Frauen und Kinder genossen diese Rast ausgiebig und bauten am Strand ein Zelt auf, um das Schiff für die Dauer des Aufenthaltes nicht betreten zu müssen. Mit Johannes, Lanzelot, Erec und Bors unternahm ich weite Wanderungen, um die Insel zu erkunden. Dabei stellten wir fest, dass sie bewohnt war. Die Eingeborenen hatten offenbar kein Interesse daran, mit uns Kontakt aufzunehmen, also versuchten wir es auch nicht und zogen uns wieder auf die nähere Umgebung unseres Landeplatzes zurück. Das Gold lockte Thorwalds Männer weiter in den heißen Süden. Sobald genug Salz produziert war, legten wir wieder ab. Thorwald merkte sich die Insel aber vor, indem er auf sein Navigationsgerät eine Kerbe einritzte. So konnte er diesen Garten Eden bei der Rückfahrt erneut anlaufen.

Der Wikingerführer steuerte das Schiff nach Osten, bis die Küste wieder in Sicht kam. Dann ging er erneut auf Südkurs. Die Zeit verstrich. Das Jahr näherte sich der Sommersonnwende und eines Tages entdeckte Thorwald bei seinen Kursbestimmungen, dass die Sonne senkrecht über uns stand und in den weiteren Tagen sich gegen Mittag sogar in den Nordhimmel bewegte. Das beunruhigte seine Männer, denn sie waren noch nie so weit in den Süden gekommen, dass sie den Wendekreis des Krebses passiert hatten. „Habt keine Angst", beruhigte ich sie. „Schon vor mehr als tausend Jahren hatte der griechische Gelehrte Eratosthénis herausgefunden, dass die Erde eine riesengroße Kugel ist. Ihm wurde nämlich in Alexandria erzählt, dass im weit südlich gelegenen Syëne die Sonne zur Zeit der Sonnwende senkrecht in einen tiefen Brunnenschacht scheine. Zur gleichen Zeit warfen die Obelisken in Alexandria aber deutliche Schatten. Er maß die Schatten auf 10° und ließ die Strecke von seiner Heimat nach Syëne auf etwa 800 Kilometer vermessen. Daraus errechnete er den Umfang der Erde auf etwa 40.000 Kilometer. Wir haben offensichtlich den Wendekreis überschritten und bewegen uns weiter auf den Äquator zu. Da ist es logisch, dass die Sonne aus den uns im Norden gewohnten Bahnen heraus wandert. Also ein ganz normales geographisches Phänomen und kein Grund zur Aufregung."

„Wenn aber die Erde wirklich eine Kugel ist, wie sollen sich denn dann die Menschen fortbewegen, die auf der Unterseite leben?", fragte Johannes. „Wenn sie sich aufrecht halten wollen, müssten sie ja mit dem Kopf nach unten stehen."

„Vielleicht haben sie ihre Füße am Kopf, damit sie aufrecht laufen können", rief Sigbjörn heiter und provozierte allgemeines Gelächter.

„Das glaube ich nicht", erwiderte ich an Johannes gewandt. „Denn wenn wir auf einer Kugel unterwegs sind, dann stehen wir hier ja bereits fast waagrecht, verglichen zum Nordpol. Davon merken wir aber nichts. Für uns ist oben oben und unten unten." Die Wikinger machten sich über meine Ausführungen lustig, doch ich ließ sie gewähren. Zumindest ihre Nervosität war verflogen und ich hatte erreicht, was ich wollte. Und endlich änderte sich auch die Landschaft in ihrer Gestalt. Saftiges Grün löste das eintönige Blassgelb der Wüste ab. Palmen und andere, uns unbekannte Bäume reckten ihre Laubdächer in den Himmel. Große Aufregung machte sich breit, als wir das Mündungsgebiet des großen Stromes sichteten, von dem der Gaëtaner erzählt hatte. Alle Männer, auch Lanzelot, Bors, Erec und Johannes legten sich in die Riemen, um das Langschiff gegen die Strömung voranzutreiben. Galeriewälder flankierten die Ufer. Hinter den Bäumen öffnete sich allenthalben der Blick auf die Savannen des Sudan. Gelegentlich ruderten wir an kleinen Dörfern vorbei. Aber nie bekamen wir die Einwohner zu Gesicht. Selbst wenn wir an Land gingen, trafen wir keine Menschen an. Die Einwohner waren dem Bericht des Gaëtaners durchaus mit dem Erscheinen fremder Schiffe vertraut. Der Anblick dieser wilden Nordmänner jedoch auf ihrem schwimmenden Ungeheuer mit hochgerecktem Drachenkopf ließ ihnen das Entsetzen in die Glieder fahren, und die Nachricht von unserem Kommen schlug die friedlichen Jäger und Bauern offensichtlich in die Flucht.

Die Sonne brannte sengend auf unser Schiff herab, das in den Mittagsstunden keinen Schatten bot. Obwohl wir die Rahe längs auf Stützen über das Deck legten und das Segel als Zelt darüberbreiteten, um das Deck zu beschatten, trieb die schwüle Luft den hartgesottenen Nordmännern den Schweiß in Strömen aus den Poren. Oft tranken sie nicht genug Wasser und litten an Sonnenstich und Fieber. Je mehr sich die Zustände verschlechterten, umso schärfer erhoben nun Vereníki und Klara im Namen unserer Kinder Einspruch gegen die Weiterfahrt. Unsere resolute fränkische Magd hatte Thorwald im Verbund mit Vereníki und sogar Guinevere schon fast so weit zermürbt, dass er umkehren wollte, als wir dort, wo ein weiterer Fluss in den Strom mündete, endlich auf Leute trafen, die nicht auswichen, uns vielmehr – freilich mit gebührender Vorsicht – auf ihren Einbäumen entgegenfuhren, uns begrüßten und zu einer Landestelle am Ufer geleiteten. Diese dunkelhäutigen Afrikaner waren zum Teil prächtig in arabischen Damast und chinesische Seide gekleidet. Ihre Siedlung, die sich hinter der Uferböschung öffnete, war auch vielmehr einer Stadt vergleichbar als einem der bisher gesichteten Dörfer.

Auf einem großen Platz nahe dem Ufer war viel Volk zusammengeströmt. Direkt am Strand wurden wir von einer kleinen Gruppe Männer erwartet. Nach ihrer Bekleidung zu schließen, mussten sie hohe Würdenträger der Eingeborenen sein. Meinem geübten Blick entging jedoch nicht, dass hinter der bunten Menge von Frauen und Kindern auch eine große Zahl von Kriegern mit Schilden und Speeren standen. Ich wies Thorwald darauf hin und mahnte zu umsichtigem Vorgehen. Der Anführer nickte ernst und gab seinen Männern Befehle. Als sich der Bug des Drachen in den Sand bohrte, stieg ich zusammen mit Thorwald, dem Steuermann Rolf, Lanzelot, Erec, Bors, und noch sechs Krieger voll bewaffnet ans Ufer und grüßten die Würdenträger respektvoll. Die Magistrate und das ganze Volk der Eingeborenen schauten aber staunend an uns Recken vorbei und Gemurmel erhob sich. Ihre Augen hafteten an Vereníki, die die Szene mit den Kindern vom Bugsteven aus beobachtete und deren Haupt von purem Gold umrahmt schien. Einer der Stadtvertreter sprach uns in beinahe akzentfreiem Arabisch an:
„Geehrte Fremde, ich bin der Vorsteher der Stadt Yaresna. Mein Name ist Akwasi. Ihr müsst meinem Volk verzeihen. Es ist mir peinlich, dass es seine guten Manieren vergessen hat. Doch das Haar dieser Frau und Mutter hat es außer sich geraten lassen.“ Als ich das versammelte Volk nochmals in Augenschein nahm, war mir sofort klar, weshalb Verenikis Lockenpracht die Menschen hier beeindruckte. Es gab zumeist Dunkelhäutige unter ihnen. Alle Männer waren rasiert und hatten schwarze Haare. Die Frauen aber waren ganz kahlrasiert und trugen Tücher oder Ketten um ihre Köpfe. Eine Frau mit derart langen, goldblonden Haaren hatte man hier gewiss noch nie gesehen.

er wollte Euch daraus einen Vorwurf machen“, twortete Thorwald etwas holprig in der gleichen Sprache. h war in diesem Augenblick froh darüber, dass mein reund weit gereist war und das Arabische durch seine andelsfahrten beherrschte. Ich selbst hatte mit meinem reund Emir Abdullah von Meliténi und seinen Leuten tets nur auf Neupersisch oder Griechisch gesprochen. nd da die Bücher, die ich in dessen reichhaltiger Bibliothek las, auch zumeist in einer der beiden Sprachen vorhanden waren, hatte ich mir nie die Mühe gemacht, Arabisch zu lernen.

„Bitte denkt nicht, wir seien ein primitives Volk, das diese Frau wohlmöglich für eine Göttin halten würde“, fuhr der Vorsteher fort. „Unsere Stadt Yaresna gehört zum Reich von Mayan Cissé dem Gana; so nennt das Volk der Soninke ihr kriegführendes Oberhaupt. Sein Palast steht in der Stadt Kumbi Saleh stromaufwärts in der Nähe des Flusses Bakoy. Unser Volk treibt seit Menschengedenken Handel mit der ganzen Welt und ist auf seine große Vergangenheit stolz. Das Gold des Gana gelangt von der Stadt Audoghast durch die Wüste bis nach Marakesch, Algier und Tunis, nach Kairo und Aksum in Äthiopien. Das Prestige eines Mannes richtet sich für uns nicht danach wie viele Männer er getötet hat, sondern wie viele Pferde und Bücher er besitzt. Kumbi Saleh beherbergt zwölf Moscheen und auch Kirchen in ihren Mauern. International ist das Gewimmel auf den Straßen und Basaren. Ich selbst habe an der Universität von Kairouan studiert. Daher beherrsche ich auch die Allgemeine Sprache. Erlaubt uns, Euch Herberge anzubieten und der Schönheit dieser Frau zu huldigen. Denn viele sind schon den Fluss heraufgefahren, auch Männer wie Ihr, mit Haaren von Stroh und Bronze. Doch nie wurde in Yaresna eine Frau von solcher Noblesse gesehen."

„Ich danke Euch", antwortete Vereníki, die ebenfalls gut Arabisch sprach und verneigte sich vor Akwasi und dem ganzen Volk. „Ihr tut mir große Ehre."

„Auch ich darf Euch von Herzen danken", ließ ich durch Thorwald ausrichten. „Meine Gemahlin und ich sind Euch für die ehrenvolle Aufnahme sehr verbunden. Wir sind gekommen, um mit Euch Handel zu treiben. Wollt Ihr unser Angebot prüfen?"

„Das werden wir gerne tun", erwiderte Akwasi. „Zu seiner Zeit." Er zog sich mit einer Verneigung zurück und besprach sich mit seinen Magistraten. Dann gab er in seiner Muttersprache Anweisungen an das umstehende Volk. Lachend und singend löste es sich auf.

„Wir wollen zunächst zu Ehren der Frau mit dem goldenen Haar ein Fest zu Eurer Begrüßung veranstalten. Ihr sollt sehen, dass die Soninke sehr gastfreundlich sind", erklärte der Vorsteher durch Thorwald an Lanzelot und mich gewandt und lud Vereníki und uns ein, ihm zu folgen. Ich sah zu meiner Erleichterung, dass auch die Krieger ihre Waffen gegen das Festgewand tauschten. Thorwald rief seinen Männern zu, an Land zu kommen und ließ nur eine Schildwache zurück. Vereníki schloss sich mit Leonidas, Zoï, Evdoxía, Guinevere und Klara an. Akwasi führte uns zu einer großen Hütte mit hohem Giebel. Dort setzten wir uns alle auf Teppiche nieder und erhielten in hölzernen Schalen Getränke und Früchte gereicht. Das Fest begann dann mit fremdartigen Tänzen, sehr melodischen Gesängen, mit Trinkgelagen und viel Freizügigkeit; lauter Dinge, die den raubeinigen Wikingern und britischen Rittern sehr entgegenkamen. Im weiteren

Verlauf ging es in einen schwungvollen Tauschhandel über. Die Nordmänner schenkten den Einheimischen viele Güter aus ihrem Laderaum wie Pelze, Dörrobst und Pökelfleisch, auch etwas Salz, und erhielten im Gegenzug wertvolle und nützliche Dinge, etwa Werkzeuge und frisches Obst. Doch Gold bekamen sie zu ihrer heimlichen Enttäuschung nicht zu Gesicht.

Schließlich beschloss Thorwald, alles auf eine Karte zu setzen. Er grub einen Pokal aus, den er einmal in Ephesos erworben hatte, eine herrliche Arbeit mit silbernem Fuß und einer Schale aus Achat. Er bot ihn direkt dem Vorsteher an. Vereníki, die das Arabische besser beherrschte, als er selbst, formulierte seinen Wunsch mit feinen Worten:

„Thorwald möchte Euch diesen Kelch überlassen, wenn Ihr ihn mit ein wenig Gold aufwiegen wollt." Akwasi betrachtete den Pokal eine Weile. Dann wanderte sein Blick zu Vereníki und Thorwald. Endlich lachte er.

„Ich muss Euch enttäuschen", klärte er uns auf. „Ich hatte geglaubt, ihr seid mit den Gebräuchen in unserem Land vertraut. Wir haben hier kein Gold. Das Metall gehört dem Gana allein. Nur er kann es verkaufen. Ein Land, das solchen Reichtum besitzt wie unseres, lockt auch Räuber und Neider an. Um Überfälle und Plünderungen zu vermeiden, werden die Goldminen streng geheimgehalten. Aber warum wollt ihr nicht zum König gehen und bei ihm Gold kaufen?"

„Wir haben dem Herrscher Salz anzubieten, das wir selbst in schwerer Arbeit erzeugt haben", warf Thorwald eifrig ein. „Könnt Ihr uns zu Eurem König bringen, damit wir es ihm anbieten können?"

„Natürlich", antwortete Akwasi freundlich. Die Mitglieder meines ehrwürdigen Rates haben ohnehin schon erwogen,

Euch in die Hauptstadt zu laden, um Euch, schöne Frau, dem Gana vorzustellen."
„Dann fahren wir zum König", erwiderte Vereníki und überhörte einfach meine ihr zugeflüsterten Bedenken. Meine junge Gemahlin genoss es nach der langen Reise offensichtlich, derart hofiert zu werden.
„Es wird unseren Kriegern eine Ehre sein, Euch nach Kumbi Saleh zu eskortieren." erklärte der Vorsteher zuvorkommend.

Drei Tage später waren die Vorbereitungen für die Reise in die Hauptstadt getroffen. Meine Gefährten aus Camelot und ich fühlten uns erstmals seit unserem Aufbruch von Rosco in unserer Bewegungsfreiheit merklich eingeschränkt, weil uns unsere Pferde fehlten. Ich beschloss, den Vorsteher durch Vereníki darauf anzusprechen.
„Herr, darf ich Euch bitten, meinem Mann und seinen Freunden für die Reise Pferde zu borgen?", fragte sie. „Sie konnten ihre Tiere nicht auf dem Schiff mitnehmen. Mein Gatte Iraklonas bedauert, dass er Euch sein Ross nicht präsentieren kann, denn es stammt aus dem Besitz des Emirs Abdullah von Meliténi, beherrscht die hohe Dressur, wie sie in Konstantinupolis und Bagdad geübt wird, und wird überall bewundert, wohin er kommt."
„Besitzt Ihr viele Pferde, dort wo Ihr herkommt?", fragte Akwasi neugierig an mich gewandt.
„Ja", log ich. „Die Ritter des Königs Artus besitzen viele Pferde in ihren Ställen, weil sie es gewohnt sind, darauf zu kämpfen. Allerdings sind es keine so edlen Tiere, wie ich sie in den Ställen des Kaisers oder des Sohnes des Himmels im fernen Reich der Mitte gesehen habe",

fügte ich wahrheitsgemäß an. „Dafür kann ich Euch aber Anderes bieten. Ich habe zwanzig Bücher aus der Bibliothek des weisen Merlin dabei: Es sind ausgesuchte Bände der römisch-hellenistischen Welt. Ich darf sagen, dass ich als Zivilbeamter aus dem Reich der Mitte und Freund des berühmten Patriarchen Fotios etwas davon verstehe, denn ich habe viele Bücher gelesen.“ Wie ich zu Recht vermutete, war der Name des großen Gelehrten auch im gebildeten Goldland bekannt. Von nun an achteten mich die Männer und Frauen aus Yaresna wie einen ihrer eigenen Großen und viele der umstehenden Krieger sagten mir anerkennend, sie hielten mich wegen meiner Frau und meiner Bildung für einen der glücklichsten Männer der Welt. Was mich jedoch überraschte: mein prächtiges Schwert, das überall in Europa und Anatolien solche Aufmerksamkeit erregt hatte, wurde von diesen hier kaum beachtet. Niemand starrte gebannt darauf. Keiner hätte es mir womöglich gestohlen.

Von mehreren ausgewählten Kriegern geführt, ritten Lanzelot, Erec, Bors, Johannes und ich an der Spitze des Zuges zur Residenz des Gana. Verenìki wurde mit unseren Kindern in einer Sänfte von weiteren Kriegern getragen, Klara und Guinevere folgten ihr. Die Königin im Nonnengewand beeindruckte mich in diesen Tagen wieder aufs Neue. Denn sie hegte keinen Neid über die hervorragende Stellung, die Verenìki ihr gegenüber einnahm. Sie hielt sich dezent bei der Zofe, lüftete ihren Schleier nicht und gab sich mit ihrer nachgeordneten Position zufrieden. Und natürlich marschierte Thorwald mit der Hälfte seiner bewaffneten Männer mit. Die anderen ließ er zur Sicherung des Schiffes zurück. Der Vorsteher mit einem Teil seines Rates und ein umfangreicher

Versorgungstross aus Yaresna schlossen die Karawane ab. Wir verließen die Stadt dem östlichen Flussarm nach Südosten folgend. Ein gut befestigter Weg führte durch die Savannen und Buschwälder. Meine zierliche Veroníki mit Leonidas, Zoï und Evdoxía hatte kaum Gewicht. Die Sänfte selbst war deutlich schwerer als sie. Für die fast gleichaltrigen Krieger war es eine Kraftprobe und eine Ehre, diese Schönheit aus Fleisch und Blut tragen zu dürfen. Unablässig, fast einer Prozession gleich, sangen sie rhythmische Hymnen und Wechselgesänge, während sie durch das Land zogen. Wie uns Akwasi aufklärte, hatte das ausgelassene Geschrei, Singen und Pochen der Trommeln aber auch einen ganz praktischen Zweck: Es verscheuchte Raubtiere. Auch für die Soninke aus Yaresna war die Reise eine Begegnung der Kulturen. Die Wikinger vertrugen nur schwer die Hitze, obschon sie doch so bärenstark waren. Als einmal ein hungriger Löwe den Zug angriff, hauten ihn die Normannen aber unerschrocken mit ihren Äxten in Stücke. Die jungen Männer waren von der überlegenen Ringkampftechnik dieser Hünen begeistert, mit denen sie sich während der Marschpausen immer wieder maßen.

Zunächst folgten wir zwei Tage lang dem Flusslauf, bis er sich abermals teilte. Mit Johannes, Lanzelot, Erec und Bors erkundete ich abenteuerlustig die Umgebung. Wir hielten uns auf Anraten der Ratsmitglieder jedoch von wilden Tieren fern und beobachteten sie nur aus respektvollem Abstand. Auch wenn wir es alle gewohnt waren, unter freiem Himmel zu campieren, waren die Nächte im Reich des Gana mit ihren kurzen Dämmerzeiten und den vielfältigen Geräuschen der Savanne selbst für Thorwalds Männer ein unvergessliches Erlebnis.

„Selbst wenn uns der König kein Gold gibt, werde ich diese Fahrt nie bereuen“, äußerte Thorwald einmal. „Noch in vielen Jahren werde ich davon erzählen können, wenn wir in den langen Winternächten zu Hause am Feuer sitzen.“ Nahe der Flussmündung lagerten wir ein drittes Mal, ehe sie am folgenden Morgen dem Fluss Bakoy weiter flussaufwärts folgten. Schließlich stießen wir auf die große Karawanenstraße, die von Audoghast im Norden zur Residenz des Gana führte. Darauf herrschte reger Verkehr in beide Richtungen. Durch Ackerland und Weideflächen gelangten wir endlich zur Hauptstadt Kumbi Saleh. Genau genommen bestand die Stadt aus zwei voneinander getrennten Siedlungen. Wir gelangten zunächst in den Ausländerbezirk. Mit einer eigenen Mauer versehen wirkte er wie eine orientalische Stadt. In ihm lebten vor allem Menschen aus allen Teilen der islamischen Welt. Allein zwölf Moscheen und einige Kirchen standen hier. Dort quartierten uns die Magistraten aus Yaresna ein. Erst mehrere Tage später holten sie uns dort wieder ab. Inzwischen, so berichtete uns Akwasi, war er beim König vorstellig geworden und geleiteten uns nun zu seinem Herrscher. Eine breite, von Feigenbäumen und Dattelpalmen eingefasste Prachtstraße führte zur zehn Kilometer entfernten Stadt der Soninke, die sich um den Palast des Gana drängte. Dies war eine völlig andere Stadt: große Rundhütten aus Lehm beherbergten die Sippenverbände der Untertanen des Gana.
Im Vergleich zu Konstantinupolis war Kumbi Saleh nur eine Kleinstadt. Selbst die Mauern von Camelot waren imposanter als die Befestigungen der Residenz. Das Flair, aber das Kumbi Saleh atmete, war das einer Weltstadt. Obwohl es die Einwohner gewohnt waren, Händler

und Karawanenführer aus den arabischen Emiraten, Ägypten, Äthiopien und den Königreichen des Sudans zu beherbergen, staunten doch viele von ihnen über unsere Prozession. Der Vorsteher führte uns geradewegs auf einen weiten Platz, der sich in der Mitte der Stadt vor einem großen, von einer hölzernen Kuppel überwölbten Baldachin öffnete. Unter dem Gewölbe stand auf kostbaren Teppichen der Thron des Königs. Mayan Cissé II. zählte kaum mehr Jahre, als Vereníki. Wie mir Akwasi bereits auf dem Weg erzählt hatte, herrschte der Gana nun seit etwa zwei Jahren über sein Reich. Würdevoll saß er in kostbaren Gewändern auf seinem Sitz und hielt Audienz. Der Vorsteher von Yaresna warf sich vor seinem König nieder und berichtete auf Arabisch, damit es die Anwesenden und die Gäste verstehen konnten, von der Ankunft der Fremden und der Schönheit Veresníkis. Dann stellte er mich als einen großen Fürsten des Römischen Reiches vor. Er begründete das mit einem Hinweis auf meine mitgebrachten Bücher und meine Kontakte zu Patriarch Fotios.
„Wir haben die Fremden zu Euch gebracht, großherziger König, weil sie, von Euch Gold zu kaufen begehren. Außerdem sind die Einwohner von Yaresna zu der Überzeugung gelangt, dass die Gemahlin des großen römischen Fürsten eine solche Schönheit ist, dass sie Eure Ehrerbietung verdient." König Mayan Cissé war wie alle Anwesenden über die Worte des Vorstehers erstaunt. Er erhob sich und trat respektvoll an die Sänfte heran, die die Krieger aus Yaresna auf den Boden gestellt hatten. Klara hob die Vorhänge empor. Mayan Cissé sah Vereníkis goldene Lockenpracht und strahlendes Lächeln, verneigte sich sichtlich ergriffen vor ihr und reichte ihr seine Hand,

um ihr aus dem Vehikel zu helfen. Der König führte sie zu seinem Thron und bot ihr seinen Platz an. Dann ließ er sich auf einem Kissen neben dem Thronsitz nieder. Die Menschen aus Yaresna jubelten. Ihr Gana ehrte sie, indem er der Frau mit den goldenen Haaren ebenso huldigte, wie sie es getan hatten. Lanzelots Gefährten und Thorwalds Wikinger schlossen sich dem Jubel lautstark an, damit es ihnen honoriert werde, wenn ihre Gespräche auf das Gold kämen. Ich genoss die Zeremonie genauso wie Vereníki. Denn bereits auf dem Weg hierher hatte Akwasi unsere Befürchtungen zerstreut, der König könne Vereníki für sich als Frau beanspruchen. Mayan Cissé machte auch wirklich keine derartigen Anstalten. Er bedankte sich bei Vereníki für die Ehre, die sie ihm erwiesen habe, und geleitete sie respektvoll in ihre Sänfte zurück. Der König lud uns sodann alle ein, ihm Gesellschaft zu leisten und die Bewohner aus Yaresna ließen sich zwanglos auf dem großen Platz zu beiden Seiten des Baldachins nieder. Lakaien bedienten uns mit Getränken und kulinarischen Delikatessen, während Mayan Cissé weiter Hof hielt. Nach mehreren Empfängen mit Händlern aus der arabischen Welt und Gesandten benachbarter Reiche wandte sich der König plötzlich an Akwasi und fragte ihn etwas in der Sprache der Soninke. Der Vorsteher nickte und wandte sich den Wikingern auf Arabisch zu:

„Unser König Mayan Cissé möchte nun euer Anliegen verhandeln."

„Wir sind gekommen, weil wir Gold erwerben wollten", erklärte Thorwald. „Leider haben wir aber nicht viel, womit wir es kaufen könnten. Etwas selbst produziertes Salz vielleicht. Ich schaue mich um und sehe, der König hat schon alles, was er braucht. Das, was wir ihm bieten könnten, Pelze von Tieren des Nordens, wird er hier im heißen Süden nicht benötigen. Und die Bücher, die Fürst Iraklonas mitbringt, mag er lesen, aber er wird sie uns nicht gegen Gold aufwiegen wollen. Allenfalls könnten wir für ihn kämpfen, wenn er Feinde hat, derer er sich entledigen will. Wir sind geübte Kämpfer, denen keiner widerstehen kann.“ Mayan Cissé schaute forschend in die Runde der Wikinger. Dann winkte er einigen seiner Leute, die mitgebrachten Waren zu prüfen.

„König Mayan Cissé gibt euch Recht“, gab Akwasi schließlich die Worte des Gana wieder. „Der Gana hat euer Salz prüfen lassen. Es ist eher minderwertig und beinhält noch einige Anteile Sand. Auch in den Büchern des Fürsten Iraklonas hat er geblättert – es sind bedauerlicherweise keine sehr hochwertigen Exemplare; aber ein paar interessante Manuskripte sind dabei, die er gerne erwerben will. Und was eurer Dienstangebot betrifft, so klärt er euch darüber auf, dass sein Heer 200.000 Krieger umfasst.“ Mayan Cissé sah die Enttäuschung in den Gesichtern der Nordmänner und winkte den Vorsteher von Yaresna nochmals zu sich.

„So hört zu. Der Gana hat sich über euren Besuch gefreut und sucht nach einer Möglichkeit, euch entgegenzukommen“, sagte Akwasi mit leuchtenden Augen weiter. „Für eure Angebote kann er euch nur wenig Gold geben. Doch aus Bewunderung für die Dame mit den Goldhaaren will er ihr in seiner Großmut freigiebig von seinem Gold schenken: ihr Knabe soll in Gold aufgewogen werden.“ Thorwald verbeugte sich tief und verkündete des Königs Worte breit grinsend seinen Nordmänner.

„Was?“, wandte Rolf ein. „Das ist viel zu wenig! Leonidas ist doch leicht wie eine Feder. Das Gold, das er auf die

Waage bringt, hätten wir auch an der nordafrikanischen Küste zusammenrauben können." Der König entnahm Rolfs abfälliger Stimme und den mürrischen Gesichtern der Wikinger den offenkundigen Widerspruch. Doch anstatt sich über diesen Affront zu ärgern, lachte er nur und winkte dem verschüchterten Vorsteher zu.

„Ich bedaure es sehr, aber ich fürchte, das ist das letzte Angebot unseres Königs", flüsterte Akwasi nervös Thorwald zu.

„Nun kommt schon", raunte der seinen Männern zu. „Sonst sind wir den weiten Weg völlig umsonst gefahren." Die Wikinger stimmten missmutig zu. Diener des Gana brachten eine große Waage auf den Platz. Thorwald erklärte Leonidas, was er tun sollte und hob den Knaben auf eine der Plattformen. Heimlich steckte er ihm noch ein paar Steine zu, damit er schwerer wurde. Der König sah es aber und winkte Thorwald zu, damit er die zusätzlichen Gewichte wieder entferne. Die nun folgende Zeremonie gestaltete der König als rauschendes Volksfest. Die ganze Bevölkerung der Stadt war auf den Beinen, um die Recken aus dem Norden zu bestaunen.

„Jetzt lasst zuerst mal ein gutes Häufchen Gold auf die Waage rieseln", rief Thorwald prahlerisch. Die Diener des Königs füllten einen Scheffel gleißenden Goldstaubes nach dem anderen auf die Gegenschale, während Thorwald die Messnadel nicht aus den Augen ließ. Das entlockte den Umstehenden viel Gelächter. Als Leonidas' Gewicht fast erreicht war, wollt Sigbjörn heimlich nochmals einen Stein auf die Waagschale legen. Doch ich verwehrte es ihm. Eine solche Blöße wollte ich uns vor dem Gana und dem versammelten Volk der Soninke und den Händlern und Gesandten nicht geben. Thorwald forderte die Diener auf, weiterzuschaufeln, bis der Zeiger eindeutig im Lot stand. Leonidas hopsten und wollte sich zum Vergnügen der Menge noch schwerer machen. Da gebot der König Einhalt. Trotz aller Freigiebigkeit war er ein tüchtiger Geschäftsmann. Thorwald gab sich schweren Herzens zufrieden. Als er sah, wie sich einer der Diener des Gana abmühte, ihm das abgefüllte Gold zu überreichen und er selbst das Gewicht des Sackes überprüfte, war er voll und ganz zufriedengestellt.

In bester Laune beluden wir das Schiff und verstauten das Gold bei den vielen Waren, die wir in Yaresna erworben hatten. Auch versorgten wir uns mit Lebensmitteln für die lange Fahrt, die nun in Richtung auf die Inseln unter dem Schneeberg und die Säulen des Herkules vor uns lag. Akwasi bat Thorwald im Namen von einem jungen Mann, der Willens war, mit uns nach Norden zu fahren.

„Dieser Krieger will in Kairouan studieren", erklärte er. „Natürlich könnte er auch nach Audoghast wandern und von dort aus mit den Karawanen durch die Wüste ziehen. Euer Schiff aber fasziniert ihn. Da ihr zu Meer der Römer reisen wollt, möchte er sich euch anschließen."

„Er wird aber dann auch die Ruder bedienen müssen", antwortete Thorwald. „Wenn er Schwielen an den Händen nicht fürchtet und die Anstrengung nicht scheut, so mag er mit uns kommen." Wenig später kletterte der Jüngling in edlen Kleidern an Bord.

„Ich danke Euch für Eure Gastfreundschaft", erklärte er in gebrochenem Arabisch. „Mein Name ist Keïta. Unser Vorsteher Akwasi hat mir gesagt, dass ich mich auf dem Schiff am Rudern beteiligen soll. Das werde ich gewissenhaft tun."

„Schon gut", meinte Thorwald lächelnd. „Schwielen und Muskeln haben noch keinem Mann geschadet. Auf, Jungs! Wir gehen auf große Fahrt!" Als die Wikinger ihren Drachen in das Wasser des Flusses schoben und ihn vom Ufer abstießen, ließen wir viele neue Freunde fröhlich winkend am Ufer zurück.

Jenseits des Meeres

Lange hatten sich Thorwalds Mannen nicht mehr in die Riemen gelegt. Nun waren sie von den Wochen des Müßiggangs geschwächt und stöhnten beim Rudern, was Keïta sichtlich erheiterte. Zunächst aber half uns die Strömung des großen Flusses, rasch dem Meer entgegenzufahren. Wenn wir jetzt an den Dörfern Ganas vorbeifuhren, versteckte sich niemand mehr. Es wurde uns zugewunken und oft landeten wir und wurden verschwenderisch bewirtet. Der Besuch beim Gana, Vereníkis goldene Haare und Leonidas' Aufwiegen mit Gold hatten sich im ganzen Reich wie ein Lauffeuer verbreitet. Immer wieder musste sich unser Sohn wiegen lassen und mehrte so das Staunen über die Freigiebigkeit ihres Königs.

In den endlosen Ozean zurückgekehrt steuerte Thorwald nordwestwärts aufs offene Meer hinaus. Während dieser Tage sprach ich wieder viel mit Lanzelot, Bors, Erec und Guinevere über ihre Gralssuche. Anhand seiner Kerbscheibe wollte Thorwald die wunderbaren Inseln, die wir bei der Herfahrt gefunden hatten, direkt anlaufen. Dort planten die Ritter ein Boot zu bauen, um auf Westkurs zu gehen. Da uns der Wind aber nun entgegenblies, mussten wir das Segel einholen und rudern. Zuversichtlich legten sich die Nordmänner in die Riemen und trieben das Schiff mit Unterstützung des Soninke und der Ritter voran. Nach Thorwalds Messungen war es eine Fahrt von wenigen Tagen. An jenem Tag, an dem wir den Schneeberg in der Ferne sichten sollten, marschierte Thorwald missmutig an Deck auf und ab.

„Was hast du?“, fragte ich den Wiking.

„Nach meinen Aufzeichnungen müssten wir den Berg längst gesehen haben aber er taucht nicht auf“, antwortete Thorwald zögerlich.

„Haben wir ihn verfehlt?“, fragte ich vorsichtig, denn ich wollte den Stolz des Anführers als erfahrener Navigator nicht verletzen.

„Nein“, widersprach er. „Ich habe mich genau an die Route gehalten, die wir gekommen sind. Wenn ich aber die Sonnenhöhe messe, so muss ich feststellen, dass wir in den letzten Tagen kaum vorangekommen sind. Sieh ins Wasser! An Algenresten, die dort treiben, kannst du sehen, wie uns eine starke Strömung entgegenkommt. Auf der Herfahrt hat sie uns schnell nach Süden gebracht. Jetzt aber müssen wir gegen sie ankämpfen und haben fast noch nichts gewonnen.“

„Du meinst, wir sind noch auf Höhe der Flussmündung?“, fragte ich.

„Nicht weit entfernt, nein.“

„Wenn es hier draußen eine solche Strömung gibt, dann sollten wir vielleicht nahe an die Küste zurück, um dort nach Norden zu fahren?“, schlug ich vor.

„Das wird euch nicht viel bringen“, schaltete sich Keïta ein, der wohl erkennt hatte, worum es in unserem Gespräch ging. „Die Fischer meines Volkes kennen diesen unsichtbaren Fluss im Meer. Auch ganz nahe am Ufer ist er zu spüren.“ Thorwald nickte ernst und räusperte sich.

„Das habe ich fast befürchtet“, gab er zu. „Um ehrlich zu sein, beobachte ich, dass wir nicht nach Norden vorankommen, sondern dass wir gleichzeitig bereits ein weit nach Westen abgetrieben sind. Es ist wie eine unsichtbare Hand, die uns immer weiter vom Land fortbringt.

„Was bedeutet das?“, fragte Snorri, der die Worte seines Anführers gehört hatte. Thorwald schaute ihn an und seufzte.
„Leute, wir müssen uns beraten!“, rief er dann allen zu und erklärte ihnen seine Beobachtungen.
Wir kehren ans Land zurück und ziehen den Kahn notfalls am Ufer entlang“, meldete sich Rolf.
„Oder wir folgen der Strömung nach Westen?“, erhob Guinevere ihre Stimme. „Denkt an Brendans Bericht. Uns erwartet das Gelobt Land; kein gefährlicher Ort, sondern einer des Friedens.“ Sorgenvoll blickte Vereníki zu mir.
„Unsere Herrin hat Recht!“, rief Bors aus. „Männer, begreift ihr nicht? Das ist eine göttliche Fügung! Der Herr weist uns den Weg in den Westen! Ins Gelobte Land sollen wir gehen!“
„Dorthin wollen wir aber nicht“, wandte Sigbjörn ein.
„Aber erkennt ihr nicht?“, erwiderte Bors lebhaft. „Wenn ihr euch nach Norden wendet, so wird euch der Weg erschwert. Der göttliche Wille treibt euch in den Westen. Wir müssen dem Gottesurteil folgen, sonst versündigen wir uns!“
„Au ja!“, rief Leonidas unternehmungslustig. „Fahren wir nach Westen mit den Rittern mit!“
„Das ist eine gefährliche Fahrt ins Ungewisse“, wandte Vereníki mahnend ein. „Glaubst du, Iraklonas, dass wir es schaffen und wieder heil zurückkehren?“
„Brendans Bericht gibt mir Zuversicht“, antwortete ich zögernd. Keinesfalls wollte ich meiner Gemahlin eine Entscheidung aufdrängen. „Aber ich fürchte, Wind und Strömung lassen uns keine andere Wahl.“
„Gott wird uns schützen, Herrin“, schaltet sich Lanzelot mit milder Stimme ein. „Es ist sein Wille, dass wir diesen

Weg gehen, wir wollen demütig und fromm gehorchen, weil wir zur Sühne unserer Schuld den Heiligen Gral suchen. So wird er uns leiten. Habt Mut und Vertrauen.“ Ich war skeptisch und wechselte mit Veren̈ki unruhige Blicke.

„Wir wollen ins Römische Reich zurückkehren und uns mit unseren drei kleinen Kindern nicht auf ungewisse Abenteuer einlassen“, verkündete ich schließlich. „So wie die Dinge stehen, plädiere ich dafür, nach Gana zurückzukehren, damit wir mit einer Karawane die große Wüste durchqueren können.“

„Das ist auch mein Vorschlag“, schloss sich Keïta mir an.

„Rolf, was sagen unsere Männer?“, fragte Thorwald seinen Steuermann.

„Uns ist jede Entscheidung recht, die mit weniger Mühen verbunden ist“, berichtete der Wortführer.

„Die Fahrt ins Gelobte Land mag aber vier bis fünf Wochen dauern“, wandte ich ein. „So beschreibt es Brendan.“

„Wir haben ausreichend Vorräte“, meinte Rolf. „Und in eurem Land werden wir dann auch was zu essen finden.“

„Dann führe uns Gott“, seufzte Vereníki. „Alles ist gut, solange es meinen Kindern gut geht.“ Vereníki blickte in meinem Arm bang nach Westen in das endlose Meer hinaus.

Thorwald erteilte seine Befehle und ließ in die Strömung nach Westen abdrehen. Die Ritter sammelten sich um ihre Königin und feierten mit meiner Familie und mir einen Bittgottesdienst. Die Wikinger, die, zum Teil noch heidnisch, der Meinung waren, das Anrufen von Göttern sei nie verkehrt, schlossen sich mit Keïta an und lauschten den gregorianischen Gesängen.

Alle Bücher aus Merlins Bibliothek hatte ich König Mayan Cissé überlassen. Allein eine Evangeliensynopse und meine eigene Niederschrift von Brendans Bericht über das Gelobte Land hatte ich behalten. Zusammen mit Vereníki, Johannes, Guinevere und Lanzelot sprach ich es gründlich durch und versuchte mich an weitere Details zu erinnern. Vor allem Keïta wurde bald unruhig und drückte seine Bedenken Thorwald gegenüber aus:
„Ist es nicht gefährlich, soweit aufs Meer hinauszufahren? Unsere Fischer wagen es jedenfalls nicht."

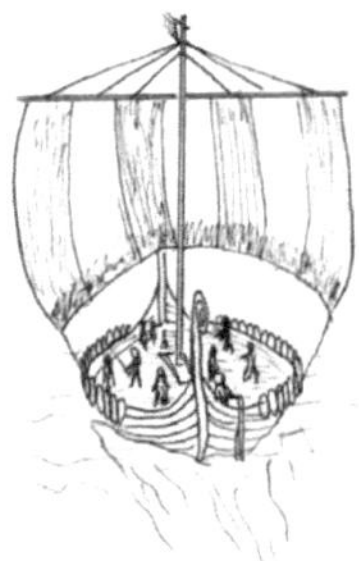

„Ihr braucht euch nicht sorgen", winkte Thorwald ab. „Wenngleich sich auch wir Wikinger wie die meisten seefahrenden Völker in der Regel in Sichtweite der Küste halten, sind wir es doch auch gewohnt, übers offene Meer zu fahren. Wir überqueren die Nordsee, lenkten unsere Schiffe an den Shetland und Färöer-Inseln vorbei bis nach Island hoch im Norden, oder durchqueren bisweilen die Weiten des Mittelmeeres in der Gewissheit, nach mehreren Tagen oder höchstens einer Woche wieder an der erwarteten Stelle Land zu sichten." Dieser große Ozean aber, in den sich Thorwalds Langschiff nun hineinwagte, schien kein Ende mehr zu nehmen. Die Tage wurden zu Wochen. Wegen Brendans Angaben blieben wir aber trotzdem gelassen und die entspannte Ruhe der Ritter und von mir bewahrte die Mannschaft vor zunehmender Angst. Mit vier Wochen Überfahrt mussten wir durchaus rechnen, so hatte der irische Mönch geschrieben. Auch unser Proviant würde für eine solche Zeitspanne reichen. Als nach dreißig Tagen aber noch immer kein Land in Sicht kam, keimte auch in mir allmählich Nervosität auf. Die Wikinger begannen zunehmend zu fürchten, irgendwann plötzlich über die Schwellen der Welt in die Unterwelt der Göttin Hel zu stürzen und nur mühsam konnte ich die mutigen Seefahrer mit Erzählungen und Liedern vor der aufkeimenden Panik bewahren. Auch Lanzelot und seine Pilgerbrüder vergruben sich zunehmend in Schweigen.

„Was ist mit Euch?", sprach ich Lanzelot darauf an.

„Ich mache mir Vorwürfe", gab der Ritter nach einer Weile zu. „Durch unsere Suche im Unbekannten gefährde ich Eure Kinder, die Frauen und all die tüchtigen Männer. Ich wollte für meine Sünden Buße leisten und keine neue Schuld auf mich laden. Und nicht zuletzt Keïta fühlte immer stärkeres Heimweh. Ich hoffe wirklich, dass es zu keiner Panik kommt."

„Das glaube ich nicht", meinte ich beschwichtigend und mir selbst Mut zusprechend. „Das Wetter ist glücklicherweise verhältnismäßig ruhig. Kein Sturm bringt die Mannschaft in Bedrängnis." Dennoch blickte Thorwald besorgt drein. „Wie du weißt, kann er mit meinen Instrumenten zwar messen, wie weit wir nach Norden oder Süden fahren. Wind und Strömung halten das Schiff aber weitegehend auf Westkurs", raunte mir Lanzelot zu. „Wie weit wir aber

schon ins Unbekannte vorgestoßen sind, kann darum niemand sagen."
„Es würde uns auch nichts eingebringen", erwiderte ich. „Keine Karte und kein Wikingerkompass gibt uns darüber Auskunft, ob, wann und wo wir mit dem Gelobten Land zu rechnen haben, von dem Brendan berichtet. Das Einzige, was wir haben, sind die Zeitangaben des Mönchs und sein Kurs nach Westen. Und nach diesen Informationen müssten wir eigentlich schon Land gesichtet haben."
Mehr sagte ich dazu nicht. Brendan war wesentlich weiter nördlich übers Meer gefahren. Wir wussten ja nicht, wie groß das Gelobte Land war, ob es sich überhaupt so weit nach Süden erstreckte oder wir nicht längst daran vorbeigefahren waren. Ich fürchtete mit solchen Überlegungen schlafende Hunde zu wecken. Aber mir kam der Gedanke, die Gefährten vom Müßiggand und ihren trüben Gedanken abzubringen. Ich befahl Johannes seine Rüstung anzulegen und unterwies den Jüngling im Zweikampf. Das gefiel den Rittern und Normannen und selbst Keïta beteiligte sich mit leuchtenden Augen. Auch sie übten sich nun vermehrt im Kampf und veranstalteten regelrechte Turniere, um sich bei Laune zu halten. Daneben gab es für die Frauen und die Männer gleichermaßen genug zu tun, um Leonidas, Zoï und Evdoxía bei ihren Erkundungen des Schiffes vor dem Sturz ins Wasser zu bewahren.
So brach der zweite Monat unserer Fahrt an. Als ich früh am Morgen aufstand, sah ich Thorwald mit Rolf vor einem ihrer Männer stehen, der am Ruder saß. Ich schloss mich ihnen neugierig an. Erschrocken sah ich, dass dieser Mann sich kaum mehr aufrecht halten konnte. Kraftlos saß er da, blickte mit leeren Augen vor sich hin und hielt

sich nur mit Mühe am Ruderschaft fest. Sein einstmals kraftvoller Leib schien von einer unsichtbaren Macht aufgezehrt.

„Was hat er?“, fragte ich. „Hat er die Ruhezeiten nicht eingehalten?“ Thorwald blickte mich ernst an.

„Ich wache persönlich darüber, dass jeder genug Zeit zur Erholung bekommt“, antwortete er. „Nein, das ist es nicht. Knut ist auch nicht der Erste, der an dieser seltsamen Schwindsucht leidet. Seit einigen Tagen scheint sich eine Seuche an Bord auszubreiten. Die befallenen Männer fühlen sich kraftlos, klagen über Zahnfleischbluten und Gliederschmerzen. Do so elend wie Knut hier hat bisher noch keiner ausgesehen.“ Fast um die Worte seines Anführers zu bestätigen, glitten Knuts Hände plötzlich vom Ruder und er kippte schlaff nach vorne weg. Rolf fing ihn erschrocken auf.

„Die Lage ist ernst, Iraklonas“, murmelte Thorwald. „Auch der Soninke scheint von der Krankheit schon betroffen. Ich weiß nicht zu sagen, wann sie auch die Frauen oder deine Kinder befällt.“ Ich schreckte auf. Dann kehrte ich zu Vereníki zurück und informierte sie leise.

„Mir kam der Gedanke, dass wir gegen diese Krankheit vielleicht eine Chance haben, wenn wir möglichst viele Vitamine zu uns nehmen“, schloss ich. „Im Reich der Mitte behandelt man Krankheiten auch damit, dass man den Patienten durch eine gute Ernährung stärkt. Suche alles, was im Proviant noch an Obst und Gemüse zu finden ist, und gib es den Kindern.“

„Da gibt es schon noch ein wenig“, beruhigte mich Vereníki. „Die Wikinger ernähren sich ja vor allem von getrocknetem und gesalzenem Fleisch und Brot. Das Dörrobst verschmähen sie.“

„Habe aber trotzdem ein Auge auf die Kinder, Klara und Guinevere – und natürlich auch auf dich. Sobald du an ihnen die ersten Anzeichen dieser mysteriösen Krankheit erkennst, sage es mir. Ich weiß nicht, ob Knut überleben wird. Hier auf dem Meer will ich keines unserer Kinder zurücklassen." Vereníki schaute mich entsetzt an. „Nein", hauchte sie nur, „ich auch nicht. Das sei ferne! Davor möge uns der Herr bewahren!" Schon wenige Tage später waren vier Nordmänner und Keïta von dieser unheimlichen Krankheit so weit befallen, dass sie sich kaum mehr aufrichten konnten. Sie stöhnten unter unerträglichen Schmerzen und ihre Haut trocknete zusehends aus, obwohl wir ihnen ausreichend zu trinken gaben. Wenn sie husteten, spuckten sie Blut und immer wieder kam es dabei vor, dass ihnen sogar die Zähne ausfielen. Immer mehr Mitglieder der Mannschaft fühlten die ersten Symptome dieser Seuche. Sorgenvoll blickten wir auf jede Stunde, die uns entgegenkam. Wir wussten, der erste Tote würde die gespannte Stimmung an Bord in Panik umschlagen lassen. Was dann geschah, wollte sich niemand von uns ausmahlen.

Eines Nachts hörten die Wachen ein fernes Grollen und Rauschen. Sofort waren alle auf den Beinen, die es noch vermochten. Schrecken griff bei den Wikingern, Rittern um sich.

„Haben wir das Ende der Welt erreicht und müssen ins Nichts stürzen, wie die Wikinger sagen?", fragte mich Leonidas ängstlich.

„Nein, mein Sohn", erwiderte ich. „Erinnerst du dich nicht an die alten Berichte des Eratosthénis, von denen ich dir erzählt habe? Er hat errechnet, dass die Erde eine Kugel ist. Von einer Kugel kann man aber nicht stürzen."

„Was ist das dann aber für ein Rauschen?", fragte Leonidas zweifelnd und wies auf die Männer, die mit angsterfüllten Gesichtern ins Dunkel spähten.
„Die Geräusche müssen von einer Meeresbrandung an einem noch nicht sichtbaren Ufer stammen", antwortete ich hoffnungsvoll. „Unsere Reise nähert sich endlich dem Ende." Doch noch bevor ich richtig ausgesprochen hatte, fanden wir uns mitten in einer handfesten Auseinandersetzung.
„Wir müssen den Göttern ein Sühneopfer darbringen und dann endlich umkehren!", forderte Sigbjörn und etliche Wikinger scharten sich um ihn. Mit allen verbliebenen Kräften erhoben wütend ihre Waffen gegen Lanzelot und seine Gefährten. „Ihr habt uns das mit Eurer Suche nach diesem Gral eingebrockt, Herr Lanzelot! Nun müssen wir ins Totenreich Hel hinabfallen, weil wir das Ende der Welt erreicht haben." Lanzelot trat ihnen unbewaffnet entgegen, um vor allem Guinevere zu schützen.
„Wenn ihr Blutzoll fordert, so nehmt meines und lasst die anderen ungeschoren", erklärte er. „Ich bin verantwortlich für diese Fahrt und alles, was uns widerfährt."
„Beruhigt euch, Freunde", schaltete sich Keïta trotz seiner Schwäche ein. „Hat uns nicht Herr Iraklonas schon einmal von Eratosthénis erzählt? Auch Akwasi hatte davon in der Universität von Kairouan gehört. Wenn die Erde aber eine Kugel ist, kann sie kein Ende haben."
„Und was bedeutet dann dieses Rauschen?", schrie Sigbjörn wütend und erhob seine Axt. „Wenn es kein Ende gäbe, über das das Meerwasser strömt, würden wir jetzt auch kein Tosen hören!"
„Ruhe! Eine Keilerei bringt überhaupt nichts ein!", polterte Thorwald erregt. „Wir müssen uns alle in die Ruder legen,

um wegzukommen, bevor uns der Sog erfasst." Ich biss die Lippen zusammen.

„Bleibt doch ruhig", mahnte ich und trat mit dem *Fosforos* in der Hand dazwischen. „Was immer wir hören mögen, das Ende der Welt kann es nicht sein. Behaltet meinetwegen das Wasser im Auge, ob es tatsächlich zu strömen beginnt. Ansonsten wollen wir auf das Tageslicht warten, ob es uns nicht vielmehr das lang ersehnte Land vor Augen führt." Murrend blickten die Nordmänner auf meine im Fackelschein glänzende Klinge, mit dem keiner von ihnen Bekanntschaft machen wollte.

„Euer Wort in Odins Ohr, Herr Iraklonas", sagte Rolf, der Wortführer der Mannschaft. „Seht Euch vor, dass es nicht Euer letztes ist – weil Ihr Euch getäuscht habt."

„Sehe ich so aus, als würde ich mich täuschen?", antwortete ich scharf. „Legt euch meinetwegen in die Riemen, wenn euch das beruhigt, aber haltet den Kurs!" Schier endlose Stunden verflossen. Die Wikinger warfen immer wieder einen Kübel über Bord, der an einem Seil befestigt war. Sie hofften auf diese Weise, die vermeintlich drohende Strömung vom Ende der Welt frühzeitig zu erkennen. Bei der Gelegenheit machten sie eine überraschende Entdeckung: Das Wasser, das sie aus dem Ozean schöpften, war Süßwasser. Als endlich der Morgen graute, sichteten wir als erstes eine weiße Möwe, die hoch über dem Mast hinwegflog. Im Westen standen Wolken über dem Horizont. Die Aufregung unter den Wikingern, Gralssuchern, Keïta und meiner Familie war groß, denn nun sahen wir zweifelsfrei, dass wir uns einem unbekannten Land näherten. Thorwald ließ die Ruder von seiner entkräfteten Mannschaft besetzen und das Schiff Richtung Westen vorantreiben. Wer nur immer konnte,

spähte über die Reling, ob dort wohl Land auftauchte. Wenige Augenblicke nach Sonnenaufgang war es dann endlich soweit: Erec hatte den Mast erklommen und saß auf der Rahe.
„Dort ist es!“, brülle er, nachdem er sich mehrfach vergewissert hatte, dass es keine Täuschung war. „Das Gelobte Land liegt vor uns! Dort, im Südwesten!“ Tatsächlich: In der angegebenen Richtung war ein schmaler dunkler Streifen am Horizont auszumachen. Thorwald ließ direkt darauf zusteuern. Kurz vor der Mittagsstunde glitt das Drachenschiff vor der Brandung an der Küste des fremden Landes entlang. Wir hielten Ausschau nach einer geeigneten Landestelle, um schnellstmöglich frische Lebensmittel für unsere ausgemergelte Schar aufnehmen zu können. Das stellte sich allerdings als schwierig heraus. Fremdartige Bäume griffen mit langen Wurzeln ins Wasser hinein und bildeten ein schier undurchdringliches Geflecht. Der Tropenwald verhieß darüber hinaus die Aussicht auf vielerlei Stechmücken. Also mussten wir weiter an der unbekannten Küste entlangfahren. Zunächst beunruhigte uns das nicht weiter, denn in jener Nacht, bevor wir das Land gesehen hatten, war das Schiff ja durch Süßwasser gefahren und wir waren der Meinung, jederzeit unseren Durst aus diesem fremden Meer stillen zu können. Dabei machten wir nun allerdings die Entdeckung, dass wir nun doch nur wieder Salzwasser schöpften. Thorwald berief darum seinen Rat ein, um zu entscheiden, wie es weitergehen sollte.
„So etwas habe ich schon erlebt“, erklärte er. „Denn genauso ist es an der Dnjeprmündung oder an der Donaumündung im Schwarzen Meer. Das Süßwasser der großen Flüsse vermischt sich erst allmählich mit dem

Salzwasser des Meeres. Folglich sind wir des Nachts an einer großen Flussmündung vorübergefahren. Jeder von uns kennt das aber in der Aufregung haben wir das nicht bedacht. Wie wollen wir uns nun verhalten? Wir müssen unsere Vorräte an Wasser und Nahrung erneuern. Sollen wir zur Flussmündung zurückfahren oder weiter Kurs halten, bis wir endlich eine geeignete Stelle zum Landen finden?“ Alle Männer durften ihre Meinung sagen und es zeichnete sich unter den Wikingern eine Mehrheit dafür ab, zur Flussmündung zurückzukehren.

„Ich höre von unseren Leuten, dass sie umkehren wollen und möchte dazu die Frage stellen, ob es nicht überhaupt besser wäre, in den bekannten Osten zurückzukehren, um den großen Goldschatz aus Gana nicht zu gefährden“, äußerte sich Rolf. „Man könnte ja im nächsten Jahr diese Fahrt erneut wagen.“ Etliche Nordmänner pflichteten ihm lautstark bei.

„Nach dem Aufzeichnungen von Brendan muss das Gelobte Land hier zu finden sein“, meldete sich Lanzelot zu Wort. „Allerdings scheint mir, dass es weiter nördlich gelegen ist. Ihr habt uns eure Gefolgschaft bei unserer Suche zugesagt. Die Piraten lauern sicher immer noch vor den Säulen des Herakles und ihr müsst den ganzen Weg gegen die Strömung, die uns vorantrieb, anrudern. Ich bitte euch nun, euer Wort auch zu halten.“ Auch die anderen Ritter und Guinevere sprachen sich dafür aus, weiterzufahren und einen Weg nach Norden zu suchen.

„Auch ich plädiere für die Weiterfahrt“, tat Keïta mit schwacher Stimme kund. „Ich würde zwar eine Umkehr befürworten, da ich in den Maghreb will und nicht in das Gelobte Land meiner Freunde hier. Aber ich habe während der langen Überfahrt gesehen, wie stark uns

Strömung und Wind vorantrieben. Wir werden es nicht schaffen, zur Flussmündung zurückzukehren und niemals werden wir über vier Wochen gegen Meer und Wind ankämpfen können, zumal die Hälfte der Mannschaft krank und schwach ist, wie ich. Niemand von uns wird eine solche Reise überleben – nicht zuletzt fehlen uns die Lebensmittel dafür."

„Auch ich habe die Strömung dieses Meeres beobachtet. Immer wieder treiben Algenbündel an uns vorbei", bemerkte Johannes, als die Reihe an ihm war. „Momentan fahren wir mit der Strömung. Wollen wir uns gegen sie wenden, wird die Fahrt tatsächlich sehr mühsam werden. Ohne schweres Rudern werden wir also den Fluss nicht erreichen können – ganz abgesehen von einer Rückkehr nach Osten."

„Ich denke auch, dass wir gewiss in absehbarer Zeit an einer Stelle vorbeikommen werden, wo für uns das Ufer erreichbar ist", meinte Vereníki. Klara und ich stimmten dem zu. Thorwald beriet sich daraufhin nochmals mit seinem Steuermann Rolf. Dann trat er vor seine Leute.

„Eine knappe Mehrheit spricht sich für eine Umkehr aus. Die Argumente unseres jungen Knappen und des Soninke überzeugt allerdings auch: Es wird recht mühselig werden, gegen diese Strömung anzurudern, mit der wir im Augenblick dahintreiben. Darum bin ich zu dem Schluss gekommen, den Kurs doch beizubehalten. Wir haben noch für gut fünf Tage schmale Vorräte. In dieser Zeit müssen wir eine geeignete Landestelle finden – oder sie uns schaffen, wollen wir nicht alle verhungern oder von dieser teuflischen Krankheit erfasst werden. Ist jemand dagegen?" Nachdem alle Meinungen dazu gehört waren, wurde abgestimmt. Die Mannschaft entschloss sich, noch zwei Tage weiterzufahren. Sollte bis dahin noch kein Platz zur Anlandung gefunden worden sein, wollte man einfach an der günstigsten Stelle das Schiff an den Bäumen anseilen, um von dort ins Landesinnere vorzustoßen. Dieser seltsame Wald, der aus dem Brackwasser ragte, wuchs auch weiterhin dicht vor der Küstenlinie. Allerdings sichteten wir noch vor Ablauf des ersten Tages endlich eine Flussmündung, die uns für eine Landung geeignet schien. Thorwald ließ das Schiff mit dem hoch erhobenen Drachenkopf an die Schneise zwischen den Mangroven hineinsteuern. Wie wir nun erkennen konnten, war der Gürtel der Wasserbäume nur wenige hundert Meter tief. Jenseits davon erwartete uns abermals ein dichter Urwald, der aber augenscheinlich auf festem Boden wuchs. Zu unser aller Freude lief das Kielholz auf weichem Sandgrund auf. Die Wikinger, die sich noch auf ihren Beinen halten konnten, befestigten das Schiff mit Seilen an den nächstgelegenen Bäumen und legten dann die Rahe längs auf Stützen über das Deck und breiteten das Segel darüber, sodass fast das gesamte Deck als Schutz vor unliebsamen Gästen aus den Baumkronen über uns unter einer Zeltplane lag. Thorwald teilte seine noch einsatzfähigen Männer in Gruppen ein, wobei er auch die britischen Ritter gleichmäßig den Gruppen zuwies. Dann schwärmten wir in das feuchtheiße Klima aus, um Nahrung und Wasser zu suchen. Ich schloss mich mit Johannes einem Trupp aus fünf Wikingern an. Wir schlugen uns mit unseren Waffen einen Weg durch den Dschungel, um Jagdbares zu erpirschen oder Früchte zu sammeln, die uns genießbar erschienen. Sören, einer der Norweger, erspähte ein unbekanntes Tier von der Größe eines Rehkitzes zwischen den Bäumen und folgte ihm.

Nach gut hundert Metern querte ein Bach den Fluchtweg des Tieres, das dort reglos am Ufer verharrte. Seinen Bogen schussbereit, näherte sich Sören bis auf einen kleinen Steinwurf. Plötzlich stürzte sich das Tier doch in den Bach, um sein Heil in der Flucht zu suchen. Sören schoss seinen Pfeil ab, doch er war es nicht allein, der das Tier zu Fall brachte. Das Wasser brodelte ringsum auf. Blut färbte es flussabwärts rot. Nur wenige Augenblicke später sahen wir voll Entsetzen nur noch das Gerippe unserer Jagdbeute im Wasser liegen. Einzelne, dunkle Fische tummelten sich immer noch zwischen den Knochen und suchten Fleischreste. Schockiert rannten wir zum Schiff zurück, und es dauerte einige Zeit, bis wir Thorwald und den anderen Anwesenden von unserem schrecklichen Erlebnis berichten konnten.

„Wenn das Wasser hier durch solche Dämonen verseucht ist, müssen wir sogar unser Trinkwasser mit höchster Vorsicht suchen“, brummte Thorwald schließlich besorgt.

„Wir sollten endlich umkehren“, drängte einer der Nordmänner mahnend. „Dieses Land ist von den Göttern verflucht.“

„Das mag sein“, erwiderte Thorwald. „Doch jetzt umkehren, gegen Strömung und Wind, ohne frische Vorräte, das wäre Selbstmord. Seht euch doch unsere Kranken an, wie sie dahinsiechen. Zuerst müssen wir unseren Proviant auffüllen.“ Am folgenden Morgen kehrte Lanzelots Trupp zurück. Er brachten gute Nachrichten: Er war auf einen Trampelpfad gestoßen und ihm gefolgt. Nach einer Wegstrecke von gut zwei Stunden ging der dichte Dschungel in eine lichte Savannenlandschaft über, in der die Männer zahlreiche jagdbare Tiere erspäht hatten. Wieder zuversichtlicher ließen wir uns in den nächsten

Tagen von Lanzelot in die Steppe führen und konnten unsere Vorratskammern füllen. An diesen Tagen labten wir uns an frisch gebratenem Fleisch, frischem Trinkwasser sowie allerlei fremden aber wohlschmeckenden Früchten. Der Rest wurde sorgsam eingesalzen und getrocknet. Auch unseren Kranken gaben wir davon zu essen und zu trinken. Auf schier wunderbare Weise erholten sie sich alle rasch und die Symptome dieser unheimlichen Krankheit fielen zu unser aller Erstaunen von ihnen ab. Das ließ Bors außer sich geraten. Er sprang auf und hob die Hände zum Himmel.

„Freunde! Seht ihr das Wunder?“, rief er erregt. „Das ist ein Gotteszeichen! Wir befinden uns auf dem richtigen Weg! Der Heilige Gral schickt uns dieses Zeichen! Ihr Nordmänner und du, Keïta, seht ihr es? Gott hat an euch ein großes Wunder gewirkt. Dankt ihm und folgt ihm nach!“ Mir wurde klar, dass die Männer an akuter Mangelernährung gelitten hatten. Dank der kümmerlichen Reste Dörrobst, die ich meiner Familie gegeben hatte, litt von uns niemand an dieser Krankheit. Sobald sie nun von den saftigen Früchten aßen, wurde ihr Mangel behoben. Ich war überzeugt, dass das auch mein Freund, der gelehrte Patriarch Fotios so gesehen hätte. Ich erhob aber gegen Bors‘ Rede keinen Einspruch; die schnelle Genesung hatte alle an Bord derart ergriffen, dass sie sich von Bors und Guinevere alle bereitwillig taufen ließen.

Wir waren zwar auf diesen Weg gestoßen, der eindeutig von Menschen angelegt war, bekamen aber während der ganzen Zeit niemanden zu Gesicht, fühlten uns aber permanent beobachtet. Schließlich hatten wir uns mit Essensvorräten und Wasser gut eingedeckt und dieses Land glich ohnehin nicht jenem, das Brendan in seinem

Buch beschrieben hatte. Also bemühten wir uns nicht darum, mit den Einheimischen Kontakt aufzunehmen, banden das Langschiff vom Landeplatz los und ruderten frisch gestärkt und euphorisch wieder auf das Meer hinaus. Auch in diesen Tagen saß ich mit Lanzelot, Erec, Bors, Guinevere, Johannes und Vereníki lange zusammen, um über meine Abschrift von Brendans Buch zu brüten. Wenn wir hier den Heiligen Gral finden wollten, mussten wir zuerst das Land erreichen, das der irische Mönch schilderte.

„Es ist unzweifelhaft", sagte ich. „Brendan spricht von Laubwäldern, ganz ähnlich, wie wir sie von den britischen Inseln her kennen. Diese Bäume hier beschreibt er nicht."

„Ich glaube, wir sind viel zu weit südlich", gab Vereníki zu bedenken. „Thorwald ist ja nicht nur bis zu den Säulen des Herkules vorgestoßen, als er auf Westkurs ging. Dieser Fluss, der vom Goldland zum Ozean führte, war viel weiter im Süden."

„Und Thorwald hat dann ziemlich genau nach Westen gesteuert", ergänzte Lanzelot. „Das heißt, wir müssen diese Strecke nun wieder nach Norden fahren."

„Am besten werden wir uns vorerst weiterhin in Sichtweite der Küste halten", schlug ich vor. „Sollte es sich nach Süden zu wenden, müssen wir uns erneut beraten, ob wir auf direkten Nordkurs gehen wollen. Dies hier mag ja nur eine große Insel sein und wir fahren an Brendans Land vorbei, wenn wir seiner Küste weiter folgen."

„Wenn ich eine Küste nicht kenne, bleibe ich immer schön in Sichtweite", schaltete sich Thorwald ein. Sogleich wies der Wikingerkapitän seine Männer an, die Ruder einzutauchen. Das Drachenschiff fuhr die nächsten Tage weiter auf Westnordwest. Am Aussehen der Küstenlinie veränderte sich zunächst nichts. Nach vier Tagen jedoch kamen in der Ferne hohe Berge in Sicht. Eine Woche nach unserem erneuten Aufbruch reichte das Gebirge fast bis an das Meer heran. Als die Küstenlinie unversehens nach Norden abwich und frei vom dichten Baumbewuchs wurde, äußerte Vereníki den Wunsch, mit ihren Kindern für ein paar Tage an Land zu gehen. Thorwald war einverstanden und landete. Die Wikinger bauten unter Keïtas Anleitung mehrere Hütten. Mit Unmut erfüllte uns allerdings, dass wir in diesem kahlen Gelände keine Palisade um das kleine Lager ziehen konnten. Ein Graben und eine durch Feuer vom hohen Gras gerodete Fläche davor mussten zur Abwehr möglicher Feinde genügen. Keiner von uns konnte seine Neugier über dieses fremde Land in Zaum halten. Darum erkundete ich schon am nächsten Morgen zusammen mit Leonidas, Lanzelot, Erec und Thorwald die nähere Umgebung. Jenseits unseres Lagerplatzes stießen wir schon nach einem halben Tagesmarsch überraschend auf eine staubtrockene Sandwüste. Unheimlich lag die flache, konturlose Einöde vor uns, verschleiert nur durch den vom heißen Wind aufgewirbelten Sand unter einer unwirklich leuchtenden Sonne in einem zunehmend bleiernen Himmel. All das wirkte so unwirklich, als sei die Zeit stehen geblieben. Während Leonidas neugierig hin und her lief, beunruhigte sich der weitgereiste Thorwald merklich. Er sagte nichts, doch ich kannte ihn gut und ahnte, dass er sich nun doch am Ende der Welt wähnte. Darum begann ich Leonidas vor meinen Gefährten über die Bibliothek der Magnavra-Universität in Konstantinupolis zu erzählen.

„Dort habe ich einmal das Buch ‚Geografiké' des Klavdios Ptolemäos gefunden", führte ich unbeschwert aus.

„Darin hat er viele Karten angefertigt, auf denen er alle bekannten Länder der Erde darstellt. Ptolemäos kannte ja die Berechnungen des Eratosthénis und wusste natürlich, dass die Welt eine Kugel ist.“

„Wenn die Welt eine Kugel ist, dann müssen wir doch sehen können, dass sie rund ist“, antwortete Leonidas.

„Sie ist eine sehr große Kugel mit einem Umfang von 40.000 Kilometern“, antwortete ich für diese Frage dankbar lächelnd. „Schau aufs Meer hinaus und du siehst die leichte Krümmung.“

„Was willst du damit sagen?“, fragte Erec.

„Ich habe gerade darüber nachgedacht, ob wir hier wohl am Ende der Welt angelangt sind“, antwortete ich. „Wenn ich aber an Ptolemäos und Eratosthénis denke, kann das nicht zutreffen, denn eine Kugel hat kein Ende.“

„Und wenn der kluge Mann sich doch verrechnet hat?“, fragte Thorwald überraschend offen. „Hat er es selbst nachgeprüft?“

„Er hat die Indizien gesehen und hat es ausgerechnet“, antwortete ich zuversichtlich. „Für die von unserem Herrgott erschaffene Welt gibt es immer eine vernünftige Erklärung.“

„Die Sonne sinkt. Es wird Zeit, dass wir uns einen Lagerplatz für die Nacht suchen“, warf Lanzelot ein und brachte uns damit auf andere Gedanken. Thorwald blieb stehen.

„Es sollte ein geschützter Platz sein“, murmelte er. „Ich kenne dieses Land nicht, aber die drohende Dunkelheit dort im Nordosten würde ich als aufziehenden Sturm einschätzen. Ich beobachte diese finstere Wand nun schon seit einigen Stunden: sie bewegt sich langsam aber sicher auf uns zu.“ Während wir diskutierten, erklommen wir eine flache Anhöhe. Nun standen wir auf der Kuppe und blickten auf ein weites Gewässer hinab. Die Flüssigkeit des Sees plätscherte vom zunehmenden Wind getrieben in blutroten Wellen gegen einen hellweißen Strand. Die Luft roch eigenartig und stach in der Nase. Schon rannte Leonidas los, um dieses fremde Phänomen aus der Nähe zu betrachten.

„Was sagt deine Vernunft dazu?“, stieß Thorwald vorwurfsvoll hervor, als er wieder einen Ton herausbekam. „Ist das kein See von Blut? Siehst du nicht auch der Lebenssaft der Toten hier ausgegossen?! Was ist mit den Wasserdämonen, die uns unsere Jagdbeute weggezaubert hatten? Hast du das schon vergessen? Vermutlich ist das da hinten auch kein normaler Sturm, sondern der Zorn der Götter zieht sich über uns zusammen!“ Auch Lanzelot und Erec stand der Schreck ins Gesicht geschrieben. ich wollte sie noch beschwichtigen und Leonidas folgen, um diese seltsame Flüssigkeit näher zu untersuchen. Doch davon wollte Thorwald nichts wissen.

„Wir sind ins Totenreich vorgestoßen!“, rief er. „Ich habe es immer gefürchtet! Wir müssen sofort verschwinden, bevor uns die Geister der Unterwelt entdecken und uns alle verschlingen!“ Schnell wie der Blitz rannte Thorwald zurück. Lanzelot und Erec, von der Furcht des Wikings ergriffen, folgten ihm auf den Fersen.

„Wartet doch!“, rief ich ihnen nach. „Den Geruch kenne ich auch Merlins Labor. Das ist Natron!“ Doch die Gefährten eilten fort, so schnell sie konnten. Leonidas und ich wären allein in dieser Einöde zurückgeblieben und ich wusste nicht zu sagen, ob Thorwald und seine Mannen, von Panik ergriffen, nicht wohlmöglich sogar Vereníki zurückgelassen hätten und ohne uns alle wieder in See gestochen wären. Also befahl ich Leonidas zurück und bemühte mich fluchend, mit meinem Kind auf den Schultern meinen Gefährten zu folgen. Thorwald war wie besessen. Weder die hereinbrechende Dunkelheit noch der im zunehmenden Wind einsetzende, heftige Regen konnte ihn bremsen. Vor sich hingrummelnd und mit einer Mine, die der Nacht an Finsternis den Rang ablief, eilte er den Weg zurück, den wir gekommen waren. Irgendwann aber, als das Gras wieder üppiger wurde, konnten wir in der Dunkelheit den Weg nicht mehr ausmachen.

„Es hat keinen Sinn, weiterzugehen", rief ich endlich gegen den Sturm an. „Wir werden uns nur verirren oder irgendeinem Wildtier in die Quere kommen."

„Vor Tieren habe ich keine Angst", erwiderte Thorwald bissig. „Aber wie willst du gegen Tote und Dämonen kämpfen?"

„Du bist dumm!", schrie Leonidas. „Es gibt doch gar keine Dämonen! Und der See hat auch nicht nach Blut gerochen!"

„Das gelingt dir weder in der Nacht, noch am Tag. Doch tagsüber sehen wir wenigsten unseren Weg wieder", antwortete ich, ohne auf Leonidas' Argumente einzugehen. Das sah Thorwald ein. Er blieb stehen und hockte sich ins Gras. Wir kauerten uns dazu und aßen und tranken von unseren Vorräten.

„Schlaft, Freunde", riet ich dann. „Ich übernehme die erste Wache." Eng zusammengekauert schlugen wir uns so die stürmische Nacht um die Ohren.

Was ist das nur für ein seltsames Land, das wir hier entdeckt haben?, fragte ich mich immer wieder, *Und kommen wir irgendwann wieder zurück in unsere Heimat? Ich hätte mich mit Veréniki und unserer Familie niemals auf dieses Abenteuer einlassen dürfen.* –

aber wie hätte ich ihm denn ausweichen sollen? Dann sprach ich alle Gebete, die ich kannte, um für eine gute Heimkehr zu bitten. Sobald es die Morgendämmerung zuließ, brachen wir wieder auf und suchten uns den Weg durch den Sturm. Damit wir schneller vorankamen, trugen wir Leonidas abwechselnd auf den Schultern. Wäre der peitschende Regen nicht gewesen, wäre es für den Knaben ein großer Spaß gewesen. Von uns allen hatte er noch die beste Laune. Etwa zwei Stunden nach Sonnenaufgang erreichten wir endlich das Lager. Thorwald scheuchte sofort seine Leute auf und ließ das Schiff schnellstmöglich wieder in See stechen.

„Männer, wir fahren zurück", feuerte er seine Leute an und ignorierte Keïta, die Gralssucher und meine Familie. „Hier muss das Totenreich sein. Hierher wollen wir nicht!"

„Thorwald, der Sturm ist noch nicht abgeklungen", gab ich zu bedenken. „Sollten wir ihn nicht erst vorüberziehen lassen? Wir kennen diese Gegend nicht und wissen nicht, wie unberechenbar Stürme hier sein können."

„Damit doch noch die Dämonen kommen und sich auf uns stürzen?", rief Thorwald wütend. „Los Männer!"

„Was ist denn in ihn gefahren?", fragte mich Veroníki. Ich erzählte, von Leonidas lebhaft unterbrochen, von der Wüste und dem See. So sehr die Normannen gegen die Naturkräfte ankämpften, kamen wir nicht nach Osten voran. Der Wirbelsturm, der nördlich an uns vorbeigezogen war, zerrte uns hinter sich her und trieb uns unaufhaltsam nach Nordwesten ab. Mit wütender Verbissenheit wühlten die Wikinger das Wasser auf, dass es schäumte. Doch gegen Wind und Strömung erwiesen sich die Bärenkräfte von Thorwalds tapferen Männern als machtlos. Nach endlosen Stunden des erbitterten Anruderns gaben sie auf.

„Also wenn es denn sein soll, dass uns die Dämonen und Götter in ihre Gewalt bringen wollen, werden wir wenigstens nicht enden, wie Memmen!", brüllte Thorwald in den Sturm. „Wir scheuen den Kampf gegen Tod und Teufel nicht! Männer, setzt das Segel! Wir wollen sehen, wer uns hinter dem Horizont erwartet!" Mit geblähtem Tuch und Schaum vor dem Bug pflügte das Drachenschiff durch das stürmische Meer vor dem Wind. Zunächst blickten Nordmänner erleichtert unserem ungewissen Ziel entgegen, weil der Wind ihnen das mühsame Rudern ersparte. Doch je länger das Tosen anhielt, umso spürbarer schmolz der Enthusiasmus im peitschenden Regen dahin. Zudem nahm der Wind beständig an Intensität zu – das Langschiff nämlich wurde an das Auge des Sturms herangesogen. Endlich kippte die Stimmung auf dem engen Schiff. in Heidenangst fürchteten die neu getauften Wikinger um ihr Leben. Und nicht nur sie. Auch Vereníki und ich sorgten uns um die verängstigten Kinder. Da war es uns nur wenig Trost, die Ritter und Guinevere ruhig beten zu sehen. Als abermals die sternenlose Nacht über uns hereinbrach, tanzte das Langschiff hilflos in der schweren See, denn eine Böe hatte das Segel in Fetzen gerissen. Thorwald kauerte auf dem Achterdeck, handlungsunfähig und in ohnmächtiger Wut, denn der Rat war übereingekommen, das Gold aus Gana über Bord zu werfen, um wenigstens das Schiff und die Mannschaft zu retten. Noch wagte niemand, an den kostbaren Schatz Hand anzulegen, doch der wachsende Sturm zermürbte allmählich die Moral und es war absehbar, dass der Erste in den Laderaum hinabstürmen würde, um das tief im Wasser liegende Schiff zu erleichtern. Da flogen plötzlich Bäume an uns vorbei. Die Rahe verfing sich im Astwerk und wurde fortgerissen, der Schiffsrumpf rammte backbords und auch steuerbords dicke Baumstämme, sodass die schützenden Schilde zerbarsten. Einer der Männer, der in die Finsternis hinausspähte, wurde am Kopf getroffen und ging über Bord. Schon glaubten sich die Wikinger im Kampf gegen angreifende Dämonen und rissen schreiend ihre Waffen hervor, als der Kiel über festes Land schrammte und der abrupte Ruck alles an Bord durcheinanderwirbelte. Nochmals schwoll eine Welle der Sturmflut heran, hob unser schwer ramponiertes Langschiff auf und schwemmte es noch einiges weiter in den Küstenwald hinein. Dort blieb es schließlich liegen, wenngleich noch weitere Wellen um den Schiffskörper herumwallten und ihn zum Teil nochmals hierhin und dorthin drehten.

Als der Morgen graute, flaute der Wind allmählich ab. Das erste Sonnenlicht, das durch die Wolken drang, offenbarte eine verwüstete Landschaft. Das Drachenschiff lag inmitten zerzauster Bäume etwa fünfzig Meter landeinwärts. Es war durch die stürmische Landung stark beschädigt worden. Einige Wasser- und Proviantfässer, die auf den letzten Metern über Bord gegangen waren, lagen verstreut in der Wüstenei. Thorwald sprang mit Rolf, Keïta, Lanzelot, Bors und mir auf den von Schwemmsand bedeckten Boden, um die Schäden am Schiff zu prüfen.

„Bei Odin!“, fluchte Thorwald schließlich. „Das wird ein hartes Stück Arbeit, den Kahn wieder flottzumachen.“

„Ich glaube, wir haben schneller ein neues Schiff gezimmert, als das hier ausgebessert“, sagte Rolf.

„Wir sollten uns nach Bewohnern dieses fremden Landes umsehen. Vielleicht können die uns helfen“, meinte Lanzelot.

„Dieses Land hat uns bisher sehr feindselig empfangen, Herr Ritter“, antwortete Thorwald grimmig. „Ich kann mir nicht vorstellen, dass man uns helfen wird, ein neues Schiff zu bauen.“

„Ich schon“, erwiderte Lanzelot. „Wir haben etwas, womit wir deren Dienste vergelten könnten: Gold, viel Gold.“

„Das kommt nicht in Frage...!“, polterte Snorri von Schiff herab, doch ich schnitt ihm das Wort ab:

„Damit kommen wir zu einem weiteren Problem. Wir können hier auf Dauer nicht bleiben. Schon jetzt ist es unerträglich schwül hier und Mücken habe ich auch schon gesehen. Doch wie sollen wir auf unserer Suche nach Hilfe neben dem Proviant und unserer Ausrüstung auch noch das viele Gold transportieren?“ Die Wikinger verfielen ins Grübeln.

„Brauche wir wirklich andere Leute?“, meinte Sigbjörn. „Hier gibt es doch genug Bäume und was zu essen werden wir auch finden. Wir bessern das Schiff aus und fahren zurück.“

„Wenn es hier aber Einwohner gibt, werden sie fragen, warum wir ihre Bäume fällen“, meinte Keïta. „Da ist es doch gewiss besser, sich von vorn herein mit ihnen gut zu stellen.“

„Wir sind Wikinger, Herr Soninke!“, rief Snorri ungehalten. „Wohin wir kommen, nehmen wir uns, was wir brauchen. Nicht wir haben die Anderen zu fürchten, sondern umgekehrt!“

„Nein, nein, der Herr Iraklonas hat schon Recht“, schaltete sich Thorwald beschwichtigend in die allgemeine Aufregung ein. „Wir können hier nicht bleiben. Wir stoßen ins Landesinnere. Wenn es hier keine Siedlungen gibt, können wir immer noch auf eigene Regie das Schiff ausbessern. Es kann nur so gehen, dass wir die zugesagten Anteile jetzt sofort verteilen. Dann muss jeder für seinen Teil selbst sorgen. Jungs, wir müssen das Boot komplett entladen!“, befahl er dann. „Legt allen noch genießbaren Proviant hier auf einen Haufen, daneben alle Waffen und Geräte, daneben dann alle anderen Dinge und schließlich das Gold!“ Abermals bauten die Nordmänner für Königin Guinevere, Vereníki, unseren Kindern und Klara ein provisorisches Zelt. Dann entluden sie das ganze Schiff, sortierten schließlich das Notwendige aus und verteilten nach Wikingerart die mitgeführten Schätze. Jeder wickelte seinen Goldanteil in ein Tuch, das er sich um die Hüften gürtete. Anschließend wurden die Nahrungsmittel, Ausrüstungsgegenstände und Waffen verteilt. Gegen Abend entfachten wir beim Schiff ein großes Feuer und verzehrten alle Lebensmittel, die wir nicht mitnehmen konnten oder die bald verderben würden. Als es dunkel wurde, suchte sich jeder einen Platz zum Schlafen, während eine starke Wache das Lager schützte. Am nächsten Morgen wollten wir aufbrechen.

Im Land der Maismenschen

Mit dem Aufgang der Sonne erkundete ich mit Lanzelot, Bors und Thorwald die nähere Umgebung. Das Langschiff war vom Sturm in eine weite Bucht getrieben worden. Eine breite Senke führte an dieser Stelle in das dicht bewachsene Land hinein. Von einer kleinen Anhöhe aus konnten wir erkennen, dass es sich nach Norden und Westen hin sehr flach ausdehnte. Einige Tagesmärsche entfernt waren im Südwesten steile Bergkämme auszumachen. Da der schmale Strand von dichtem Bewuchs dieser eigenartigen Wasserbäume durchsetzt war, gestaltete sich ein Fortkommen schwierig. Der ausgedehnte Urwald machte es unmöglich, von hier aus irgendwelche Siedlungen auszumachen. Also beschlossen wir, der Senke zu folgen bis wir auf menschliche Spuren stoßen würden. So setzte sich unsere Kolonne gleich nach einem Morgenmahl in Bewegung. Die Ritter gingen mit Thorwald, mehreren Nordmännern und mir an der Spitze, um mit ihren Schwertern und Streitäxten einen Weg durch das Dickicht zu bahnen. Die Frauen mit den Kindern wurden in die Mitte genommen. Johannes hatte mit Keïta den Befehl, sie zu schützen. Die Nachhut bildete der Rest der Wikinger mit ihren Langbögen. Angesichts der Jahreszeit waren die Temperaturen erträglich, es gab allerdings täglich Regengüsse, die sintflutartig herunterkamen und die Luft unter dem dichten Blätterdach sehr feucht machte. Schwitzend und von Stechmücken geplagt, arbeiteten wir uns durch das Dickicht voran und verbrachten endlich unsere Erste Nacht in dieser grünen Hölle. Am zweiten Tag gegen Mittag stießen wir auf einen vielbegangenen Pfad. Darüber waren wir erfreut und alarmiert zugleich. Denn der Weg zeigte uns einerseits, dass wir uns einer menschlichen Siedlung näherten und von nun an leichter vorwärtskamen, andererseits hatten wir von jetzt an auch mit einem möglichen Überfall der Eingeborenen zu rechnen. Nach wenig mehr als einer Wegstunde stießen wir auch tatsächlich auf ein kleines Dorf inmitten ausgedehnter Felder. Es war aber verlassen. Wir untersuchten die Ansiedlung gründlich. Sie war offensichtlich nur zeitweise bewohnt und diente vor allem als Unterkunft während der Ernte. Auf den Ackerflächen wuchsen fremdartige, hochwachsende Stauden. Wir nahmen diese Gewächse näher in Augenschein und wollten deren gelbe Kolbenfrüchte probieren. Freilich gelang uns das nicht, denn die dicht an dicht wachsenden Körner waren steinhart. Nachdem wir in dem Dorf übernachtet hatten, folgten wir dem Pfad, der uns an das bereits gesichtete Gebirge heranführte, weiter. Gegen Abend führte der zunehmend breitere Weg in ein schmales Gebirgstal hinauf. Die Hänge waren weitgehend abgeholzt und entsprechend überschaubar. Daher wagten wir es, hier unsere dritte Nacht zu verbringen. Weiter Talaufwärts öffnete sich vor uns am späten Vormittag von einem Aussichtspunkt aus ein weiter Kessel zwischen gerodeten Berghängen, auf dessen Grund sich zahlreiche Felder mit diesen Staudengewächsen erstreckten. Etwa in der Mitte der Senke leuchteten im Sonnenlicht erstaunliche Bauwerke einer Stadt, die sich um mehrere hoch aufragende, steile Pyramiden und weite Plätze gruppierte. Zwischen den Feldern konnten wir mehrere kleine Weiler erkennen. Von dort sahen wir viele Menschen in der Stadt zusammenströmen.

„Seht ihr all die Menschen, die von den Hängen und Dörfern in die Stadt laufen?“, fragte Lanzelot. „Sie wissen von unserem Kommen und werden uns wohl kaum nur freundlich empfangen.“

„Wir sind für sie fremde Wesen, die in ihre Welt eindringen“, merkte Erec an. „Vielleicht halten sie uns gar für Götter.“

Ich dachte über diese Worte nach und blickte mich um: wir alle waren von den Strapazen der vergangenen Tage gezeichnet: verschwitzt, heruntergekommen und zerlumpt schlurften sie den Weg entlang.

„Ob sie uns wirklich für Götter halten, weiß ich nicht“, sagte ich. „Aber wir sollten keinesfalls den Fremden gegenüber wie Bettler daherkommen. Los, putzt eure Ausrüstung und Waffen! Bringt alles auf Hochglanz! Kämmt eure Haare und Bärte und flechtet eure Zöpfe neu! Wir wollen dort imponieren!“

„Was soll das?“, fragte Thorwald unwillig von der drückenden Hitze. „Wozu soll es gut sein, wie am Kaiserhof mit Prunk und Pomp daherzukommen? Wenn sich uns jemand in den Weg stellt, hauen wir alles kurz und klein und kämpfen uns durch.“

„Das mag zweifellos noch früh genug passieren“, antwortete ich. „Sie sind uns weit an Zahl überlegen und wir kennen weder ihre Waffen noch ihre Kampfweise. Wir wissen nicht, wie lange wir in dieser fremden Welt ohne eigene Opfer überstehen können. Je mehr sie von uns beeindruckt sind, umso sicherer sind wir fürs erste. Der Kampf sollte nur unser letztes Mittel sein.“ Thorwald brummte etwas Unverständliches. Dann wandte er sich um und befahl seinen Männern, sich ordentlich herzurichten. Auch die Gralssucher und Keïta folgten dem Aufruf, Vereníki mit unseren Kindern und Klara sowieso. Als wir uns wieder in Bewegung setzten, lastete die Nachmittagshitze schwer auf dem Land. Unsere herausgeputzte Truppe marschierte auf dem Pfad direkt auf die Stadt und auf das, was uns dort erwartete, zu. Eine andere Alternative hatten wir nicht. Schwer atmend marschierten wir durch die letzten Stauden und die ersten niedrigen, strohgedeckten Häuser auf einen weiten, offenen Platz, an dessen hinterem Ende die gewaltigen Pyramiden erhoben, die wir schon von der Ferne gesehen hatten. In mehreren Stufen ragten die steinernen Gebilde zum Himmel empor und trugen oben kubische Tempel mit hohem Figurenschmuck auf den Dächern, zu denen breite Treppen hinaufführten. Direkt vor der größten der Pyramiden, uns gegenüber, standen auf einem Podest einige Männer in prachtvollen Gewändern. Neben einem farbigen Lendenschurz trugen sie um den bronzefarbenen Hals Krägen aus Gold, grün schimmernder Jade und langen Federn, die im Sonnenlicht leuchtend rot, gelb und grün schimmerten. Auf den Häuptern trugen sie Mützen oder Helme, die ebenso mit langen, phantasievoll drapierten Federn am Hinterkopf geschmückt waren. In den Händen, deren Armgelenke von glitzernden Jadearmbändern umschlossen waren, hielten sie zumeist lange Lanzen, die mit fleckigem Fell ummantelt waren. Die Gestalt in der Mitte hob sich von den Umstehenden durch ein Wams aus dem gleichen Fell, eine kostbare Halskette aus großen Jadeperlen und einem zähnefletschenden Raubtierkopf mit einem gewaltigen Federschmuck als Kopfputz ab. Auch sie hielt eine Lanze in der Hand. Zahlreiche Krieger mit langen, schwertartigen Brettern, deren Seiten in der Sonne glänzten, standen zu beiden Seiten der Würdenträger. Eine große Menge, nur mit einfachen Lendenschurzen bekleidete Menschen stand neugierig an den Breitseiten des Platzes.

Als wir den Platz erreichten, erfüllte das hohle Blasen zahlreicher Muschelhörner die Luft. Langsam, ohne Furcht zu zeigen, gingen wir auf den Anführer und seine Würdenträger zu, Lanzelot, Erec und Bors vorneweg. Thorwald und seine Gefährten folgten. Ich blieb mit Johannes und Keïta am Schluss, nahe bei Vereníki mit den Kindern, Klara und Guinevere. Kein Laut drang durch die schwülheiße Luft. Ich nahm diese Menschen in Augenschein. Die Männer trugen unterschiedliche Körperbemalungen in Schwarz und Rot. Die Krieger hinter dem Podest trugen beide Farben. Ich konnte auch etliche Männer in prächtiger Kleidung und blauer Bemalung ausmachen, die offenbar einen hohen Rang innehatten. Auch fiel mir bei allen auf, dass sie zum größten Teil eine stark fliehende Stirn aufwiesen, wie ich es bislang zwischen dem Reich der Mitte und dem Reich des Gana noch nie gesehen hatte. Unter der Bauernschar standen auch zahlreiche Frauen und Kinder. Die Säuglinge auf den Armen ihrer Mütter und kleinere Kinder trugen Bretter auf der Stirn, die ihnen mit Bändern um den Kopf gebunden waren. Diese eigenartige Verformung des Schädels war folglich also künstlich bewirkt und galt hier offenbar als Schönheitsideal. Als Erec und Lanzelot die unterste Stufe des Podestes erreichten, hielten sie an und blickten mit ihren stahlblauen Augen unter den hellen Haaren und glänzenden Rüstungen den Anführer fest an. Ich spürte förmlich die innere Erschütterung, die sowohl den König als auch seine Würdenträger befiel. Was ich aber nicht ahnen konnte: der Anblick des gutaussehenden Bors bewegte sie noch mehr, als all die wilden Wikinger.

Denn er hatte sich während des letzten Abschnitts unseres Marsches durch die Felder einige Blätter der Stauden als Sonnenschutz auf den blonden Kopf gelegt. Von ihm aber wanderte sein schielender Blick zu Veroníki und nun wich der Erschütterung echte Bestürzung. Mit offenem Mund starrte er auf meine Frau mit ihren wallenden, goldgelben Locken, gehüllt in eine grüne Seidenbrokattunika, ihr letztes gutes Gewand. Nun sahen sie auch die anderen Würdenträger. Ehrfürchtiges Ächzen und Stöhnen entfuhr ihnen. Sofort begriff ich, dass sie Veroníki wohl für eine Göttin hielten. Sofort nahm ich mir den Helm vom Kopf, sodass mein pechschwarzes Haar offen sichtbar wurden, nahm Veroníki würdevoll bei der Hand und erstieg mit ihr das Podest; jederzeit bereit, blitzschnell den *Fosforos* zur Verteidigung blankzuziehen. Als seien König und Würdenträger Luft, gingen wir auf sie zu, denn ich hatte hinter dem König einen Sitz erspäht. Wortlos wichen sie zurück und Veroníki nahm auf dem Stuhl wie eine Königin Platz. Ein Raunen ging durch die Menge. Verunsichert standen nun König und Würdenträger vor uns – und trennten uns von unseren Gefährten. Eine Sekunde lang bangte ich um unsere Leben, die den vielen Kriegern ringsum schutzlos ausgeliefert waren. Doch der König war zutiefst verwirrt und kam nicht auf die Idee, uns dreisten Menschen, die er für Götter hielt, angreifen zu lassen. Im Gegenteil begann er in seiner fremden Sprache Texte zu rezitieren – Gebete oder Beschwörungsformeln. Dumpfe Trommeln setzten ein und die Muschelhörner wurden erneut geblasen. Volk und Krieger warfen sich zu Boden. Die Autoritäten traten einige Schritte beiseite und stellten so die Verbindung zwischen Veroníki und mir zu Lanzelot, Thorwald und seinen Männern wieder her.

Diener kamen herbeigeeilt und legten den Begleitern des Königs weiße Mäntel um, dem Anführer selbst aber einen prächtigen Umhang aus Federn und Muscheln. Einer bot ihm Samenfrüchte dar, die der König in seinen Mund nahm und zerkaute. Rasch veränderte sich sein Gesicht. Es wirkte unter dem Einfluss dieser Droge entrückt und wie in ekstatischer Trance schienen seine Augen nach innen zu blicken, gebannt von einem Strom mentaler Bilder. Andere Diener legten um seine Füße wohl als Symbol einen Strick. Plötzlich nahm der Schamanenkönig einen langen Dorn, der an seinem Ritualgewand hing und bohrte ihn sich tief in den Unterarm. Dann streckte er den zitternden Arm aus, sodass sein Opferblut auf den Boden vor uns tropfte. Bislang hatten wir Beide das Ritual wortlos verfolgt. Jetzt aber blickte uns der König, der in den Augen seines Volkes selbst zum Gott geworden war, mit einem durchdringenden Blick aus seinen schielenden Augen an und sprach zu uns. Schlagartig wurde mir die neuerliche Gefahr bewusst, in der wir alle schwebten: Der Anführer hatte uns als Götter offen angesprochen. Das verlangte nach einer Antwort. Wie konnte diese aber erfolgen, da wir doch weder seine Worte verstanden, noch darauf reagieren konnten? Wenn wir ihm aber nicht antworteten oder er unsere Worte nicht verstand, mussten Zweifel an unserer Göttlichkeit aufkommen und es war nur eine Frage der Zeit, bis die Krieger mit ihren glitzernden Waffen über uns herfallen würden. Eine Religion, die ihren eigenen Priesterkönig marterte, nahm gewiss keine Rücksicht auf unsere Leben. Alle schauten gebannt auf Veréníki und mich. Der König wiederholte seine Worte. Sein starrer Blick haftete auf Veréníki. Während ich versuchte, meine Gedanken zu ordnen, stand Vereníki plötzlich auf, blickte dem König streng ins Gesicht und schritt wortlos an ihm vorbei auf den offenen Platz. Dort wandte sie sich zu den Bauern und musterte sie mit scharfem Blick. Mit dem Finger wies sie auf einen, dessen Gesicht Klugheit erkennen ließ und winkte ihn zu sich. Wie vom Donner gerührt, fuhr der Bauer in die Höhe. Unsicher und wie betäubt folgte der Mann der Aufforderung und folgte geduckt der Göttin zu ihrem Sitz, vorbei an den verblüfften Augen des Königs. Dann wies sie mit harscher Geste den König und seine Würdenträger hinweg. Sprachlos gehorchten sie dieser völlig unerwarteten Geste. Im Gesicht des Königs las ich nacktes Entsetzen. Es erinnerte mich an so manchen Gewaltherrscher, der sich entmachtet und schutzlos vor seinen bisherigen Untertanen sah, konnte sich daraus aber keinen Reim machen. Verunsichert durch das Verhalten ihrer Herren zogen sich auch die Krieger zurück. Das Bauernvolk aber brach in begeisterten Jubel aus. Rasch verwandelte sich der Platz in ein fröhliches Volksfest. Einfache Menschen brachten Speisen und Krüge und stellten sie ehrfürchtig vor die Göttin. Vereníki winkte Lanzelot zu sich.

„Nimm den Bauern dort und mach ihm klar, dass wir einen Ort brauchen, an den wir uns zurückziehen können", erklärte sie ihm. Lanzelot winkte den verschüchterten Mann zu sich. Der ohrenbetäubende Lärm ringsum erleichterte ihm seine Sache. Mit Händen und Füßen verdeutlichte er ihm, was sie brauchten. Verenı́kis Einschätzung hatte nicht getrogen. Rasch begriff der Mann und deutete uns an, ihm zu folgen. Während er uns in den heiligen Bezirk hineinführte und uns ein niedriges Steingebäude auf dem Areal neben der großen

Stufenpyramide zeigte, folgte uns die ganze Volksmenge fromm, verabschiedete sich von uns unterwürfig und feierte auf dem großen Platz weiter. In dem Haus lagerten wir uns und machten uns über die dargebrachten Speiseopfer her. Inzwischen mühte ich mich zusammen mit Lanzelot, dem Bauern die nordische Sprache beizubringen, die wir alle beherrschten. Selbst Keïta konnte sich mittlerweile ganz gut in ihr verständigen. Im Gegenzug lernten wir auch gleich die wichtigsten Begriffe ihrer Sprache. So erfuhren wir, dass sich die Fremden *Maismenschen* nannten und in Veretníki eine Erdgöttin erblickten. Die seltsamen Kolbenfrüchte, die auf allen Feldern wuchsen, nannten sie Mais, er bildete ihr Grundnahrungsmittel. Da er auch Bestandteil der meisten dargereichten Speisen war, lernten wir das wohlschmeckende Getreide gleich kennen. Auch bestätigte der Bauer meine Vermutung: der König war nur ein geduldetes Oberhaupt einer Aristokratenoligarchie, wobei jeder von den Fürsten eifersüchtig über seine eigene Macht wachte. Vereníkis Geste hatte ihm, der sich gerade als einer der großen alten Könige darstellen wollte, der mit den Göttern kommunizierte, politisch das Genick gebrochen.

Der Mann, der sich 4Caban 9Ceh nannte, lernte rasch. Er erfasste entsprechend auch die Chance, die sich mit ihm durch uns, die wir für Götter gehalten wurden, für ihn selbst ergab. Allein durch seinen Mund konnten die Maismenschen mit uns kommunizieren. Wir hoben ihn aus seiner niedrigen, perspektivlosen Existenz eines einfachen Bauern zu einem höchsten Priester empor, zu einer Schlüsselfigur durch die allein seine Leute mit den leibhaftigen „Göttern“ sprechen konnten. Umgekehrt hatte er uns damit vollkommen in seiner Hand. Denn unsere Stellung hing ausschließlich von seinem Verhalten und seinen Worten gegenüber den Priestern und Königen ab. Freilich – ließ er uns fallen, stürzte er mit. Und die blutigen Rituale, die selbst seinen Herrscher derartige Martern abverlangten, kannten als Folge auch für ihn zweifellos nur den grausamen Opfertod.

Mehrere Tage lang konnten wir unbehelligt in unserem Quartier bleiben. Die Bauern, die nach wie vor die Ankunft „ihrer Göttin" feierten, brachten uns täglich reichlich zu essen und zu trinken. Am dritten Tag stand einer der Blaubemalten in der Türöffnung und bat unterwürfig um eine Unterredung.

„Dieser ist 12Ahau 6Xul, ein niedriger Priester, der sich in Euren Dienst stellen will", übersetzte 4Caban 9Ceh mit einem gewissen Widerwillen. Er fürchtete wohl einen Priester in unserer Gefolgschaft, weil er seine eigene Stellung gefährden konnte.

„Sei uns willkommen", grüßte ich ihn freundlich durch den Mund des Dolmetschers. „Wie willst du uns dienen?"

„Ihr sagt, Ihr seid Götter", antwortete der Priester. „Doch wie sind Eure Namen? Welche Mächte unterstehen Euch? Kennt Ihr unsere Riten? Ich kann Euch helfen."

Mit seinen wenigen Worten hatte 12Ahau 6Xul schon kundgetan, dass er unser Spiel durchschaute. Wir waren eben keine Götter und die Religion der Maismenschen war uns vollkommen unbekannt. Aber er hatte offenbar auch begriffen, dass er an unserer Seite wie 4Caban 9Ceh aufsteigen konnte, wenn er uns unterstützte. Das war zwar nicht unbedingt eine sichere Vertrauensgrundlage, doch wir konnten überhaupt nur überleben, wenn wir Verbündete aus den Reihen der Maya hatten. Der Priester blickte uns mit ehrlichem Gesicht an und darauf musste ich jetzt vertrauen. Vereníki, Lanzelot und ich verbrachten also viel Zeit mit den beiden Männern, um mehr über das Land und die Menschen hier zu erfahren. Bei dieser Gelegenheit fragte Vereníki 12Ahau 6Xul über die Bedeutung seines Namens.

„Wir Maismenschen zählen die Zeit seit der Erschaffung der Welt in Tagen“, erklärte er bereitwillig. „Seither sind aber schon so viele Tage vergangen, dass wir die Zeit in größere Einheiten unterteilen müssen, damit wir uns zurechtfinden. Neben Kin, dem Tag, gibt es Unal, der Monat mit 20 Tagen, Tun, das Jahr mit 360 Tagen und den 5 kritischen Tagen, Katun aus 20 Jahren und Baktun aus 20 Katun. Um die Tage zu benennen, haben uns die Götter ein System von drei Rädern geschenkt, die ineinandergreifen. Das erste Rad hat 13 Tage, das mittlere umfasst 20 Tagesnamen und das große Rad beinhält 18 Monate zu je 20 Tageszahlen. Ein bestimmter Tag wie mein Geburtstag 12Ahau 6Xul wiederholt sich so alle

52 Jahre. Alle Maismenschen sind Teil dieses kosmischen Kalenders, indem sie nach dem Tag ihrer Geburt benannt sind. So ist es auch bei 4Caban 9Ceh. Aber erlaubt mir die Frage: Wer seid Ihr wirklich und was wollt Ihr hier bei uns? Seid Ihr tatsächlich Götter? Aber warum versteht Ihr dann unsere heilige Sprache nicht?“ Ich hatte auf diese Frage schon lange gewartet und mir bereits eine Antwort darauf zurechtgelegt. So beschloss ich nun, die Wahrheit zu sagen.

„Wir kommen aus einem Land jenseits des großen Meeres. Wind und Wetter haben uns hierher verschlagen. Wir waren aufgebrochen, um hier einen uns heiligen Gegenstand zu finden. Wir wollen also nichts von euch. Wir wollen nur auf unserer Suche weitergehen. Wollt ihr uns helfen, so werden wir nicht lange bei euch bleiben.“ Ich beobachtete, wie sich das Gesicht unseres Dolmetschers bei meinen Worten von Trauer und Schrecken eintrübte. Sofort redete er mit drängender Stimme auf den Priester ein. Der wandte sich wieder an uns:

„Ich fürchte, dafür ist es bereits zu spät. Allein Eure Ankunft und das Verhalten der edlen Frau hat Bedeutendes in unserem Volk verändert. Ihr könnt jetzt nicht mehr einfach weiterziehen. Ihr habt Euch als Götter vorgestellt und diese Rolle müsst Ihr jetzt weiterspielen.“

„Dafür fehlt uns aber die Kenntnis um eure Götter“, erwiderte Lanzelot erschrocken.

„Deshalb bin ich zu Euch gekommen“, antwortete 12Ahau 6Xul. Dann erzählte er uns von den Göttern der Maya und suchte durch 4Caban 9Cehs Stimme nach den rechten Göttern, die wir verkörpern konnten. So schlug er für Vereníki, die Kinder und mich die Götterfamilie der Mutter Akna, der Patronin der Geburt, ihres Ehemannes

Aknachob und ihrer Kinder vor. Klara schlüpfte in die Rolle der Amakiq, einer Göttin der Landwirtschaft, die den Frauen und Kindern Tanz und Gesang lehrt. Die Wikinger mit Thorwald an der Spitze und Keïta wurden zu den Balam, einer Gruppe von Jaguar-Göttern, die die Menschen vor Bedrohungen schützen. Thorwald amüsierte sich, dass er als Coyopa zum Herrscher über den Donnerschlag aufstieg. Lanzelot und Erec bestimmte 12Ahau 6Xul aufgrund ihres ersten Auftritts zu Hunahpu und Ixbalanqué, göttliche Zwillinge und Helden, die über die Erde wachen. Johannes wurde zu Kann-u-Uayeyab, dem Schutzgott der Städte. Bors aber sollte Yum Xac, den Gott des Maises verkörpern, weil er sich bei ihrer Ankunft Maisblätter auf den strohblonden Kopf gelegt hatte. Guinevere schlüpfte in die Rolle der Mondgöttin Ix Ch'up. So machte es der junge Priester nun in seinem Volke kund.

Am sechsten Tag erschienen prächtig gekleidete Abgesandte der Oligarchen vor unserem Quartier.

„Die Adligen bitten um die Anordnungen der Götter auf dem großen Platz", übersetzte 4Caban 9Ceh.

„Die Schlinge zieht sich wieder einmal um unseren Hals zusammen", murmelte Erec.

„Soweit wollen wir es doch nicht kommen lassen", antwortete ich und beriet intensiv unsere nächsten Schritte mit 12Ahau 6Xul, Lanzelot, Thorwald und Verenïki.

„Habt Acht", mahnte 12Ahau 6Xul durch 4Caban 9Ceh. „Ihr kennt die Maismenschen noch zu wenig. Es gibt hier viele große Städte, die einst von Gottkönigen regiert wurden. Die Könige, wie zuletzt noch vor einem Menschenalter K'an III., sprachen mit den Göttern und brachten von ihrem eigenen Blut Opfer, damit die Erde

Frucht trage. Sie bauten große Paläste und Tempelberge, die jedes Mal komplett überbaut wurden, wenn ein König starb. Die Maismenschen aber gründeten nie ein großes Reich mit einem Oberkönig; auch wenn es zwei Städte gab, die eine Art Vorherrschaft über die anderen Städte ausübten: Chalakmul und Tikal. Vor einem Menschenalter eroberte Tikal seine mächtige Rivalin. Der König von Tikal konnte aber die Vasallen von Chalakmul nicht unter seine Kontrolle bringen. Seither ist alles nur schlimmer geworden. Jeder führt nun Krieg gegen jeden. Auch hier in unserer Stadt Oxhuitza gab es einmal einen Gottkönig. Heute nicht mehr. Mächtige Adlige führen jetzt die Herrschaft und jeder misstraut seinen Verbündeten. Den König, den Ihr gesehen habt, er nannte sich selbstbewusst K'an IV., war einer von ihnen. Mit seinem Auftreten vor Euch wollte er die alte Macht beanspruchen; Ihr habt ihm aber das Handwerk gelegt. Inzwischen sind unsere Böden ausgelaugt, sodass die Ernteerträge immer mehr zurückgehen. Bald wird es für die vielen Maismenschen nicht mehr genug Mais zu essen geben. Von den abgeholzten Hängen spülen die Wolkenbrüche während der Regenzeit jeden Tag mehr Erde herunter. Wir wissen, dass das nicht gut ist. Aber deshalb hören die Adligen nicht auf, die Bäume zu fällen, denn sie brauchen viel Holz, um aus den Steinen Kalk zu kochen. Mit dem Kalk verputzen sie in dicken Schichten alle Gebäude und Tempel der eroberten Städte. So verschwindet das leuchtende Rot ihrer Mauern unter dem bleichen Grabschmuck der verstorbenen Götter.

Wenn Ihr als Götter hier bei uns auftretet, so müsst Ihr Maßnahmen ergreifen, die die Maisernten fördern. Dazu müsst Ihr aber die Macht der Adligen mit ihren Kriegern brechen. Und wenn Euch das gelingt, so taktiert vorsichtig im großen Spiel der Städte, denn Ihr werdet unweigerlich in den großen Kampf hineingezogen werden."

„Eigentlich wollten wir nur bußfertig den Heiligen Gral suchen", seufzte Lanzelot nachdenklich. „Es scheint mein Schicksal zu sein, dass überall Kampf und Krieg ausbrechen, wohin ich komme." 4Caban 9Ceh verstand die Worte nicht und fragte nach. Vereníki wandte sich an ihn.

„Wie können wir die Adligen entmachten?"

„Ihr müsst sie töten – als Opfer den Göttern darbringen", lautete 4Caban 9Cehs Antwort.

„Es mag jeder meiner Männer sieben oder acht dieser Krieger niedermachen, bevor er selbst fällt", protestierte Thorwald. „Aber es sind zu viele, als dass wir sie alle erschlagen könnten."

„Ein Blutbad also", murmelte ich. „Das war es wirklich nicht, was wir hier im fernen Westen suchten." 12Ahau 6Xul erriet meine Gedanken.

„Nun ist es zu spät, als dass Ihr einfach wieder gehen könntet", wiederholte er.

„Die Prüfungen des Herrn sind hart und unbarmherzig", meinte Lanzelot. „Also müssen wir uns rüsten."

„Wir können uns eine solche Kraftprobe nicht leisten", wandte Guinevere ein. „Sobald einer unserer Männer fällt, ist unser Mythos, Götter zu sein, zerstört. Wenn es denn sein muss, dass Blut fließt, so muss sichergestellt sein, dass es auf keinen Fall das unsrige ist. Nur so haben wir eine Überlebenschance."

Am frühen Morgen des nächsten Tages ordnete 4Caban 9Ceh durch die Bauern, die uns zu Essen brachten, an, dass sich das ganze Volk am Hauptplatz vor dem Tempel

versammeln solle. Auch die Oligarchen erfuhren davon. Aufgeputzt und mit ihren Kriegern im Rücken nahmen sie selbstbewusst ihre Plätze ein. Mit Vereníki, Leonidas, Zoï, Evdoxía und mir an der Spitze betraten wir „Götter" mit unserem in Priesterornat gekleideten und blau bemalten Dolmetschern 4Caban 9Ceh und 12Ahau 6Xul den Platz. Keïta eskortierte uns in glänzender Seidenrobe, die Ritter und Wikinger hatten ihre Waffen und Rüstungen poliert. Die Sonne blitzte auf dem blanken Stahl.
„Verneigt euch vor Akna, der Göttin der Geburt mit ihren Kindern und ihrem Gemahl Aknachob, denen es gefiel, aus der Götterwelt herabzusteigen zu uns armseligen Kreaturen in Oxhuitza!", schallte 12Ahau 6Xuls Stimme über den Platz. „Verneigt euch vor Hunahpu und Ixbalanqué, den großen Zwillingen, die über die Ordnung der Welt wachen! Werft euch nieder vor Ix Cup, der Göttin des Mondes, Ahmakiq, der Göttin des Gesanges und Tanzes und Ek Chua, dem Gott des Krieges und des Handels, vor Yum Xac, dem Maisgott, der die Güte hat, uns mit seiner Anwesenheit zu beschenken, vor Coyopa, dem Donnernden und den Balam, die gekommen sind, um uns vor unseren Feinden zu schützen; vor den Kriegern der anderen Städte und den furchtbaren Dämonen! In den Staub mit euch, elende Maismenschen!"
Die Anwesenden gehorchten. Mir fiel auf, dass der König in der Mitte der Oligarchen fehlte. Sobald wir „Götter" unsere Plätze eingenommen hatten, warf sich einer der Adligen in seinem prächtigen Federkleid in großer Geste vor Vereníki nieder.
„Ehrenwerte Akna, ehrenwerter Aknachob, die Ihr geruht, die Schar der verehrungswürdigen Götter anzuführen, unser König K'an IV. hatte uns betrogen.

Er wollte uns vormachen, er sei durch Euren Willen in sein Amt gekommen“, übersetzte 4Caban 9Ceh dessen unterwürfige Worte. „Doch du, erhabene Akna, hast uns über diesen Irrtum aufgeklärt. Wir haben den Scharlatan darum geopfert und legen dir sein Herz zu Füßen.“ Theatralisch legte er K‘ans blutiges Herz vor sich auf den Boden. Vereníki kämpfte gegen das Entsetzen und den Ekel an. Mit unbewegter Miene nickte sie, ignorierte Leonidas‘ Schreckensschrei und Zoï, die daraufhin zu weinen anfing und der Adlige zog sich zurück. Ich blickte Keïta zu meiner Seite an. Dankenswerterweise nahm einer von ihnen das Herz auf und brachte es würdevoll von uns weg. Dann erhob sich „Akna“ und sprach zum Volk. 4Caban 9Ceh übersetzte in laut schallender Rede:

„Maismenschen! Ich nehme euer Opfer an! Anstelle des falschen Königs werden jetzt wir selbst über Oxhuitza die Herrschaft übernehmen! Es ist der Wunsch des Maisgottes Yum Xac, dass ihr eure Felder gegen die fortschreitende Erosion des Bodens befestigt und keine weiteren Bäume mehr fällt. Er befiehlt euch, ein Bewässerungssystem anzulegen und wird euch Weisungen geben, durch die die kommende Maisernte sichergestellt wird!“ Niemanden störte es, dass der Maisgott selbst keine Silbe dazu sagte und nur mit würdevoll gütiger Miene auf seinem Platz verharrte. Dass Vereníki gütige Worte sprach, während 4Caban 9Ceh seinen fachkundigen Vortrag hielt, konnte außer uns ohnehin niemand verstehen. „Es ist der Wille von Aknachob und Coyopa, dass ihr Krieger, eure Waffen gegen Pflugstöcke eintauscht!“, rief 4Caban 9Ceh weiter. Und deren Murren erwartend setzte er hinzu: „Ek Chua, Hunahpu und Ixbalanqué werden euch so im Kampf unterweisen, dass ihr unbesiegbar seid! Auf diese

Weise wird Oxhuitza zur von den Göttern auserwählten Herrscherin über alle Mayastädte aufsteigen!“ Unter der Hand hatten wir den Oligarchen ihre Macht entzogen und sie applaudierten auch noch dazu.

Der Wirbelsturm, der Thorwalds Drachenschiff an die Moskitoküste getrieben hatte, beendete die Regenzeit. Eifrig nahmen die Bauern von Oxhuitza mit den Kriegern unter unserer „göttlichen“ Führung den Kampf gegen die zunehmende Erosion der umliegenden Hänge an. Sie errichteten Lehmmauern und terrassierten die Hügel. Da die Krieger bald mit der Bauernarbeit unzufrieden waren, begannen wir, sie in die Grundlagen unserer Kampftechniken zu unterweisen. Da wir die Sprache der Maismenschen noch nicht genug beherrschten, führten wir Hornsignale ein, die, auf den großen Schneckenhäusern geblasen, den Kriegern Anweisungen zu bestimmten Operationen gaben. Bei dieser Gelegenheit war es Lanzelot und mir möglich, die Waffen der Maya näher in Augenschein zu nehmen. Zumeist waren es Kriegskeulen mit scharfen Obsidianspitzen an den Enden oder flache Bretter, deren Seiten mit Feuersteinklingen besetzt waren. Diese Geräte konnten einem Feind in gleicher Weise tiefe Schnittwunden schlagen, wie die besten Damaszenerklingen; allerdings konnten die Verletzungen durch die Zähnungen wesentlich großflächiger ausfallen. In Schaukämpfen beeindruckten Lanzelot, Bors und Erec die Kriegsschar durch die Überlegenheit ihrer stählernen Schwerter. Und natürlich hatte mein *Fosforos* keine Mühe, ihre Waffen kurz und klein zu schlagen. Hierdurch erwarben wir uns zwar die tiefe Ehrfurcht der Maismenschen, ebenso aber auch deren Begehrlichkeit, diese göttlichen Wunderwaffen auch zu erlangen.

Die Trockenzeit war die Zeit der Kriege. 12Ahau 6Xul klärte uns auf, dass es galt, sich Gefangene für die rituellen Menschenopfer zu beschaffen und seinen Platz in der Rangfolge der Mayastädte zu behaupten. Als die ersten Erfolge bei der Sicherung der Felder erkennbar waren, wurden die Oligarchen bei uns vorstellig und baten uns durch 4Caban 9Ceh gegen die Stadt Seibal vorgehen zu dürfen, sie herauszufordern und zu besiegen. In ihrer überschwänglichen Rede wähnten die Adligen Oxhuitza schon als das glänzende Zentrum eines geeinten Großreiches. Da Erec, Bors und Thorwald schon darauf brannten, die von uns getrimmte Armee zu erproben, ließ ich mich darauf ein. Ich wollte Erec und Lanzelot senden, die beiden Zwillinge Hunahpu und Ixbalanqué mit Thorwalds besten Männern, um das Heer von Oxhuitza nach Seibal zu führen. Lanzelot drängte mich aber, mitzukommen. Nachdem ich mich versichert hatte, dass Veroníki mit den Kindern bei Thorwald und Keïta in Sicherheit war, stimmte ich zu. In dem Krieger 5Oc 16Zac hatten wir inzwischen einen weiteren willigen Dolmetscher ausgebildet, der zwischen den „Göttern“ und den Heeresführern vermitteln sollte.

Seibal lag etwa 200 Kilometer südwestlich von Oxhuitza, wie der Vogel fliegt. Das gebirgige Terrain erforderte jedoch viele Umwege. Quer durch den dichten Urwald bei hoher Luftfeuchtigkeit und Hitze wurde die Strecke für uns zum Martyrium. Den Maismenschen schien das nicht so viel auszumachen wie uns „Göttern“, so dass wir uns oft genug unter Aufbietung all unserer Kräfte dahinschleppen mussten, um von den Kriegern nicht abgehängt zu werden. Einmal kreuzten wir den Weg einer Raubkatze, die die Maya Jaguar nannten und als göttliches Tier verehrten. Plötzlich brach er fauchend und knurrend aus dem Gebüsch hervor. Die Maya wichen zurück. Lanzelot aber stand direkt vor dem Raubtier und hatte keine Möglichkeit mehr, sich in Sicherheit zu bringen. Darum zückte er rasch sein Messer und spannte in geduckter Haltung all seine Muskeln, ohne das Tier aus den Augen zu lassen.

„Vorsicht, Lanzelot!“, rief ich ihm zu. Lass dich auf keinen Kampf ein!“

„Ach was!“, antwortete er mir. „Das hier ist auch nicht anders, als die Sauhatz in Britannien. Lass mich nur machen.“ Unendliche Augenblicke lang verharrten Beide und starrten sich an. Langsam ging Lanzelot tiefer in die Hocke, um einen Sprung vorzubereiten. Der Jaguar spürte Lanzelots Atem an seinen feinen Tasthaaren. Langsam schob er seine Vorderbeine vor und näherte sich seinem Opfer ein wenig. Lanzelot beobachtete, wie sich die Muskeln seiner Hinterbeine spannten. Er blickte der Katze wieder tief in die Augen, um den Zeitpunkt des Sprunges zu ergründen. Plötzlich schoss die Großkatze mit einem Fauchen vor. Lanzelot hechtete ihr mit einem wütenden Schrei entgegen. Doch Lanzelot sprang nicht in hohem Bogen wie der Jaguar. Er warf sich flach auf den Boden und drehte sich so, dass er auf dem Rücken zu liegen kam. Dabei stieß er sein Messer in die Höhe und traf die über ihn hinwegspringende Katze zwischen die Rippen. Um ein Haar hätte ihm die Wucht des Sprungs seine Klinge aus der Hand gerissen. Lanzelot wuchtete die Katze mit seinem Messer zur Seite, rappelte sich durch den Schwung selbst auf und kam über dem auf der Seite liegenden Jaguar auf die Knie. Rasch stieß er sein Messer noch zweimal in die Brust des Tieres, während er sie mit der Linken am Hals am Boden hielt. Schweißüberströmt und schwer atmend richtete er sich auf, die tote Katze noch fest im Blick. Eine Weile ließ sich kein Laut vernehmen. Die Krieger ringsum verharrten schweigend. Erst allmählich erhob sich Triumphgeheul, das dem tapferen Gott Hunahpu galt, der den göttlichen Jaguar bezwungen hatte. Sie zerlegten das Tier und überreichten Lanzelot ehrfürchtig das Fell, damit er es sich umhänge.

Während des weiteren Marsches informierte ich mich bei Ortskundigen eingehend über die landschaftlichen Gegebenheiten informieren lassen und wollte nun, da wir uns Seibal näherten, die Initiative des Feldzuges keinesfalls aus der Hand geben. So rückte ich rasch gegen die Felder rings um die Stadt vor, formierte meine Männer in mehrere Abteilungen, wie wir es bereits eingehend geübt hatten, und zog am Ufer des Flusses hinauf, der den Kessel von Seibal durchströmte. Während des Vorstoßes hatte ich mit Lanzelot und Erec immer wieder taktische Manöver geübt, um unsere Männer für den bevorstehenden Kampf weiter zu drillen. Trotzdem war die Stimmung der Maismenschen ausgezeichnet. Alle waren in der richtigen Siegesgewissheit und betrachteten den anstrengenden Feldzug als aufregendes Abenteuer. Die Herrscher von Seibal waren von der Schnelligkeit, mit der das hervorragend ausgerüstete Heer aus Oxhuitza zu ihnen vorgestoßen war, völlig überrumpelt. In Windeseile riefen sie ihre eigenen Krieger zusammen, um sich uns entgegenzustellen. Ich wollte natürlich nicht solange warten, bis sich die Truppen Seibals formiert hätten.

„Wir haben nur dann eine Chance auf den Sieg, wenn wir rasch handeln und den Feind gar nicht zum Zug kommen lassen“, erklärte ich Lanzelot und Erec. Ich denke da an den Zug von König Artus gegen Hardeknut und Ivar Beinlausi. Vielleicht können wir eine vergleichbare Strategie anwenden."

„Wie stellst du dir das vor?", fragte Lanzelot.

„Hört meinen Plan", verkündete ich. „Nur ein Teil unserer Streitmacht rückt unter Erecs Führung am Fluss entlang auf den Feind vor. Lanzelot, wir beide stoßen mit dem Rest zu beiden Seiten durch den Urwald vor, um dem Gegner in die Flanken zu fallen. Unsere Späher müssen unsere Krieger gegen die Kundschafter von Seibal vollständig abschirmen. Erecs Kunst liegt darin, so langsam heranzukommen, dass wir genug Zeit haben, die feindlichen Linien zu umgehen, ohne dass sie dazu provoziert werden, von sich aus anzugreifen." Erec blickte mich skeptisch an.

„Bei allem Respekt, Herculla", meinte er. „Wie willst du durch dieses Dickicht vordringen, ohne dass es der Feind bemerkt? Man hört es doch, wenn sich die Truppen durch den Verhau schlagen."

„Darauf müssen wir verzichten", gab ich zu.

„Dann werdet ihr viel länger brauchen."

„Ich werde mich mit 5Oc 16Zac beraten."

„Na gut, ich werde alles nach deinem Plan vorbereiten", sagte Erec zögernd. Noch zur gleichen Stunde ließ ich mein Heer antreten. Ich stieg auf einen umgefallenen Baum und richtete durch 5Oc 16Zac das Wort an die Krieger:

„Männer! Nun ist unser Feind nicht mehr weit. Der Feind sammelt sich schon, um mit uns zu kämpfen. Nur ein Teil wird ihnen am Fluss entgegengehen. Die Anderen werden sich wie an den zu erlegenden Jaguar leise und verschwiegen anpirschen. Vor uns liegen also fünf

Stunden der Geduld, in denen wir von denen aus Seibal von unseren Spähern abgeschirmt durch die Wälder auf die Feinde zu schleichen werden. Der Preis für unsere Ausdauer aber wird groß sein: die gesamte Stadt wird in unsere Hände fallen und der Ruhm eines kühn erfochtenen Sieges und die Furcht der anderen Städte vor Oxhuitzas Waffen wird auf Jahre hinaus andauern! Macht euch fertig. Wir brechen sofort auf!"

Schweigend bahnten sich die Krieger ihre Wege durch den Dschungel, während Erecs Einheiten auf den Feldern Seibals in Stellung gingen und langsam vorrückten. Unsere Späher verrichteten ganze Arbeit, denn die Feinde rechneten mit einem Vorstoß und kundschafteten die Wälder rings um ihre Armee systematisch aus. Keiner jener Männer aber, die unseren Flügeln zu nahe kamen kehrten wieder nach Seibal zurück. Inzwischen führte Erec die Hauptmacht in Schlachtordnung mit viel Hörnerblasen und Kriegsgeschrei langsam gegen Seibal voran und zog sich dann wieder ein Stück zurück. Durch seine Manöver, die seine Krieger vorbildlich ausführten, verwirrte er die Heerführer aus Seibal und lenkte so deren ganze Aufmerksamkeit auf sich. Währenddessen schlichen sich Lanzelot und ich mit je 200 Mann durch den Urwald, der hier glücklicherweise noch wucherte. Sobald unsere beiden Flügel bis auf die Höhe der feindlichen Schlachtreihen vorgestoßen waren, ließ ich unsere Muschelhörner blasen. Erec griff an. Sobald sich ihm die Seibaler wütend entgegenwarfen, brachen Lanzelot und ich aus dem Gebüsch hervor und fielen über die Flanken des Feinds her. Die so plötzlich von allen Seiten bestürmten Gegner lösten ihre Ordnung auf und hatten unseren Kampflinien nichts Gleichwertiges mehr entgegenzustellen. Vier Stunden lang tobte die Schlacht. Als die Nachmittagshitze am drückendsten wurde, war das Heer aus Seibal vernichtet. Nur wenige hatten sich aus unserem Kessel retten können. Wer überlebte, wurde von den Kriegern aus Oxhuitza verfolgt und gefangen. Die Getöteten ließ man als Fressen für die Raubtiere liegen.

Nach festem Ritual musste Seibal den Siegern Tribut zollen und hochrangige Gefangene ausliefern, auf die in Oxhuitza der zu unserem Entsetzen der Opfertod wartete., Während das siegreiche Heer in seine Heimatstadt zurückkehrte, überlegten Lanzelot, Erec und ich, wie wir die Maismenschen von ihrer vermeintlich religiösen Pflicht abbringen könnten. Ganz nach unseren Absichten verbreitete sich inzwischen die Kunde von Oxhuitzas Triumph mit Hilfe der „Götter" wie ein Buschfeuer unter den Mayastädten. Sofort nach unserer Rückkehr erklärten wir 12Ahau 6Xul, dass wir die Opferung der Gefangenen nicht dulden würden.

„Wenn Ihr das fordert, werden die Maismenschen Euch nicht mehr glauben, dass Ihr Götter seid", erklärte er. „Seit es die Menschen gibt, fordern unsere Götter das Blut von Menschen, um die Ordnung der Welt aufrecht zu erhalten. Das gilt vor allem für die Fünf Unheilvollen Tage. Es sind die letzten Tage in unserem Jahr und die bedeuten eine besonders kritische Zeit, weil die Sonne für diese Zeit aus den Fugen gerät. Wenn der Sonnengott seine höchste Position am Himmel erreicht hat, gerät er nämlich aus seiner vertrauten Spur und droht in den nördlichen Himmel zu stürzen, so dass alles einen Schatten nach Süden wirft. Sobald er aber wieder in seine normale Bahn zurückfindet, feiern die Maismenschen erleichtert die widergewonnene Ordnung, sie danken den Göttern und beginnen ein neues, von den Göttern garantiertes Jahr.“

„Wie kann es sein, dass die Sonne in den Norden wandert?“, fragte Lanzelot.

„Ihr wisst doch noch von der Erkenntnis des Eratosthénis, dass die Erde eine große Kugel ist“, antwortete Vereníki. „Wenn die Sonne zur Sommersonnwende senkrecht steht, wie in Syëne in Oberägypten, dann bedeutet das, dass dort der nördliche Wendekreis liegt. Wenn hier die Sonne fünft Tage lang nach Norden wandert, befinden wir uns folglich wenig südlich des Wendekreises.“

„Dennoch sind wir hier offenbar in einer verfluchten Gegend gelandet, wo die Sonne aus den Fugen gerät“, sagte Thorwald und Furcht kroch in sein Gesicht.

„Erinnere dich an unsere Fahrt ins Reich des Gana. Dort haben wir das Phänomen selbst gesehen und waren noch wesentlich weiter im Süden“, merkte ich nüchtern an. „Waren wir deshalb in einer verfluchten Gegend? Da es hier aber nur wenige Tage andauert, beeindruckt das die Menschen. Wir müssen sie darüber aufklären.“

„Ich verstehe Eure Rede nicht“, gestand 12Ahau 6Xul. „Ich glaube auch nicht, dass die Maismenschen Euch folgen können.“

„… oder wollen“, ergänzte Bors.

„Wenn wir die Menschenopfer nicht verhindern können, wollen wir sie zumindest für den Augenblick hinauszögern“, meinte Guinevere. Wir werden den Maismenschen gebieten, die Gefangenen erst zur Wiederkehr der Fünf Unheilvollen Tage zu opfern. Dann haben wir noch ein halbes Jahr Zeit und können versuchen, sie davon abzubringen.“

„Wie Ihr wollt“, schaltete sich 12Ahau 6Xul nach 4Caban 9Cehs Übersetzung ein. „Zur Siegesfeier Eures Kriegszuges ist jedoch wenigsten die Opferung der höchsten Vertreter Seibals erforderlich. Genauso wie bei den Fünf Unglücklichen Tagen werden sie in der Gewissheit sterben, dass sie damit den Lauf der Welt sicherstellen.“
„Lässt sich das nicht vermeiden?“, wandte ich ein. Doch 12Ahau 6Xuls Blick ließ mich erkennen, dass unser christliches Anliegen nicht einmal im Ansatz verstanden wurde. Um uns selbst zu schützen, mussten wir uns also fügen. Wir versuchten unser Gewissen durch ausgedehnte Bußgottesdienstes zu beruhigen und suchten bei Jesus Christus Trost für unsere ausweglose Lage. In den folgenden Tagen entfaltete Oxhuitza die ganze Pracht einer triumphalen Siegesfeier. Gegen ihren Willen mussten wir den grauenvollen Opferritualen auf dem Platz vor der Hauptpyramide beiwohnen. Den ausgewählten Gefangenen aus Seibal mit einem Obsidianmesser der Kopf vom Leib getrennt wurde. Wir empfanden es nicht als Trost, dass die Opfer zuvor nach allen Regeln der Kunst verwöhnt wurden und vor ihrer Opferung einen Krug voll des berauschenden Agaven-Suds gereicht bekamen, den sie Pulque nannten. Es beeindruckte uns aber dennoch, mit welcher Fassung, ja Stolz die Opfer ihrer Hinrichtung entgegengingen: an ihnen hing nach ihrer eigenen Überzeugung der Erhalt der Welt. Wenigstens hatten wir erreicht, dass die Menschenopfer auf ein Minimum von 15 Personen beschränkt wurden. Alle anderen Gefangenen hatten noch eine Frist von sieben Monaten, in der wir versuchen konnten, die Bewohner von Oxhuitza von ihren Irrglauben abzubringen.

Tíkal

Nur wenige Tage nach dem Fest rief ich alle Gefährten zu einer Beratung zusammen. Der Anlass dafür hatte mich in Unruhe versetzt und ich war der Meinung, dass alle von uns davon Kenntnis erhalten mussten. So erklärte ich ihnen in knappen Worten:

„Vor wenigen Stunden war eine Abordnung der Adligen bei mir. Mit viel Schmeicheleien rieten sie uns ‚Göttern', nach Tikal zu gehen, ins Zentrum der Maya-Welt, um von dort aus alle Maismenschen zu leiten. Über all die Unterwürfigkeit beobachtete ich bei ihnen allerdings eine Veränderung. Sie begegneten mir in ihrem Ton respektlos und feindselig."

„Woran liegt das?", fragte Rolf.

„Ich führe das darauf zurück, dass es sie ärgert, den Einfluss auf ihr Volk verloren zu haben. Die Bauern sehen, wie unsere Anordnungen Erfolge zeigten und die Krieger sind von ihrem Sieg über Seibal ganz berauscht. Die Oligarchen machen sich offenkundig Gedanken darüber, wie sie sich unserer unerwünschten Anwesenheit entledigen können. Daher nehme ich ihren Vorschlag sehr ernst und möchte eure Meinung hören."

„Wenn wir hier um unser Leben fürchten müssen, ist es besser für uns, der Einladung rasch zu folgen", meinte Vereníki entschieden.

„Bedenkt außerdem, dass wir ja hierhergekommen sind, um den Heiligen Gral zu suchen", merkte Lanzelot an. „Hier in Oxhuitza, so haben wir feststellen können, ist er definitiv nicht zu finden."

„Der Marsch wird aber beschwerlich werden“, gab Guinevere zu bedenken. „Denkt an eure Klagen über den Feldzug nach Seibal.“
„Ich war ja von Anfang an dafür, dieses Theater hier zu spielen, da wir dadurch unsere Leben schützten“ erklärte ich. „Wenn das nicht mehr gewährleistet ist, sollten wir Oxhuitza räumen. Ein offener Machtkampf mit den Adligen ist mir zu riskant. Wir wissen nicht, ob sich die Krieger nicht doch auf die Seite der Mächtigen schlagen.
„Also nehmen wir den Vorschlag auf“, meinte Keïta. „Dann sollten wir schnell aufbrechen.“ Alle gaben ihre Zustimmung. Schon am darauffolgenden Tag riefen wir das ganze Volk der Stadt zusammen. Vereníki, die Göttin Akna, verkündete durch 4Caban 9Ceh den Willen der „Götter“:
„Maismenschen von Oxhuitza! Wir sind zu euch gekommen, um euch Heil und gute Ernten zu bringen! Wir haben Oxhuitza groß gemacht und Seibal erniedrigt. Nun aber sollen nach unserem Wunsch nicht allein Oxhuitza die göttlichen Segnungen zuteilwerden, sondern der ganzen Welt der Maismenschen! Darum werden wir aufbrechen nach Tikal, um dort unseren Sitz zu nehmen!“
Der Aufbruch der „Götter“ von Oxhuitza wurde mit großem Pomp gefeiert. Selbst die Oligarchen begingen dieses Ereignis mit sichtbarer Freude und Anteilnahme; natürlich, weil sie nun wieder uneingeschränkt über die Stadt gebieten konnten. 12Ahau 6Xul und 4Caban 9Ceh begleiteten uns und mit ihnen einer würdigen Eskorte aus Kriegern unter der Führung von 5Oc 16Zac, einigen Priestern und vielen Bauern. Die meisten von ihnen glaubten wirklich daran, dass die Götter rund um Akna, Aknachob, Hunahpu, Ixbalanqué und Yum Xac nun

ins politische Zentrum der Maismenschen ziehen und von dort Segen über die ganze Welt bringen würden. Soweit wussten wir nun über die Maismenschen schon Bescheid, dass wir uns auf unserem Weg nach Tikal vom Regen in die Traufe bewegten. Doch wir hatten keine andere Wahl. Folglich versuchten wir unsere Ankunft so lange wie möglich zu verzögern. Solange wir unterwegs waren, erstarrten alle Mayastädte der Umgebung in Ehrfurcht. Diese Zeit wollten wir nutzen. Als erstes Ziel erkoren wir Seibal; ein gewaltiger Umweg. Offiziell machten wir in Seibal Station, um die Unterwerfung unter die Vorherrschaft Oxhuitzas zu bestätigen. Der König und seine Oligarchen mussten vor uns auf dem Tempelplatz kostbare Tributgaben darreichen. Statt der obligatorischen Menschenopfer erreichte es „Yum Xac" mit einer Rede, dass die Maismenschen uns reichlich Speiseopfer darboten. Dieser Erfolg beflügelte Bors und mit ihm Lanzelot, Erec und Guinevere in der Meinung, nun trügen ihre Bemühungen, christliches Gedankengut in die Welt der Maismenschen zu tragen, erste Früchte. Sie traten während der Tage in Seibal mehrfach vor die Menge und erzählten vom Gott der Liebe und seinem Erlöser Jesus Christus, der jenseits des Ostmeeres gelebt hatte und dereinst zum großen Gericht wiederkommen werde. Diese Worte beeindruckten viele Zuhörer aus der Bauernschaft tief.

Mit dem erfolgreichen Aufenthalt in Seibal veränderte sich die Stimmung in unseren Reihen deutlich. Nun waren Lanzelot, Erec und Bors ganz davon erfüllt, das Evangelium zu verkünden. Selbst Johannes, der doch trotz all seiner Begeisterung für das Rittertum Jude war, ließ sich davon anstecken. Nach vielen Gesprächen entschied sich der nach Wahrheit suchende Priester 12Ahau 6Xul für den christlichen Glauben und ließ sich am Weihnachtstag von Veraníki taufen. Durch ihn erhielt unsere Rede für die Maismenschen noch deutlich mehr Tiefgang. Denn 12Ahau 6Xul war in der Lage, unsere Mission auf die Gedankenwelt der Maya zurechtzuschneiden. 4Caban 9Ceh trat weiterhin als williger Dolmetscher auf, denn er fürchtete mit Recht um seine herausragende Stellung, da 12Ahau 6Xul nun auch schon recht gut die von uns verwendete nordische Sprache verstand. Vereníki beobachtete das Vorgehen der Gralssucher mit wachsendem Enthusiasmus und schloss sich der Mission eifrig an. Ich beobachtete diese Entwicklung zwar skeptisch, schaltete mich aber auch mit ein, als ich merkte, dass das theologische Wissen der Ritter nicht sehr umfangreich war. Als Freund des weisen Fotios vermochte ich der Mission mehr Substanz zu geben. Selbst die hartgesottenen, getauften Wikinger und Keïta diskutierten im Nachtlager zunehmend christliche Fragen. Auf diese Weise wanderten wir mit unserem großen Tross weiter westwärts nach Bonampak und Yokib. Wir waren nun bereits etwa dreihundert Kilometer westlich von Tikal und ich drängte darauf, weiter nach Palenque zu wandern, um dort aus dem Machtbereich der Maya entweichen zu können. Davon wollten aber die uns folgenden Maismenschen nichts wissen. 12Ahau 6Xul war vom Gedanken der christlichen Mission bereits so durchdrungen, dass er meinen Plan vehement zurückwies. So blieb mir nichts anderes übrig, als einem Schwenk nach Osten zuzustimmen. Um weiter Zeit zu gewinnen, drängte ich allerdings darauf, zuvor in Uaxactun und Cival nördlich und östlich von Tikal Station zu machen.

Nach fast zwei Monaten des missionarischen Triumphzugs traten wir schließlich Mitte Februar auf dem Hauptplatz von Tikal dessen König gegenüber. Er empfing uns mit ganz ähnlichen Riten, wie es die Könige der anderen Städte getan hatten und begrüßte uns feierlich als Götter. Mit Erleichterung stellte ich fest, dass Vereníkis und meine Rolle als Akna und Aknachob auch hier nicht angezweifelt wurde. Ebenso wurden auch unsere Gefährten verehrt. Wir waren es nun schon gewohnt, dass vor uns die üblichen Zeremonien der Maismenschen zur Ehrung als Götter inszeniert wurden und geduldeten uns mit unserer christlichen Botschaft, bis uns das Protokoll zu reden gestattete. Dann aber erhob sich Vereníki, wie sie es bisher immer getan hatte, und erzählte mit ihrer klaren Stimme, übersetzt von 4Caban 9Ceh und 12Ahau 6Xul, das Gleichnis vom verlorenen Sohn, das sie auf Tikal deutete und von der Stadt die Umkehr zu Jesus Christus forderte. Während der Ansprache beobachtete ich die Zuhörer und mir fiel ein Unterschied zu all den anderen Städten auf: Die Aristokraten rund um den König verhielten sich spürbar distanziert. Der König von Tikal war ja – theoretisch – der Oberherr über alle Mayastädte. Auch wenn es seiner tatsächlichen Macht wohl nicht entsprach, wähnte er sich den Göttern näher und durchschaute rasch, worauf Verenikis Rede für ihn hinauslaufen würde: auf einen Verlust an Macht und Ansehen. Sein Blick verriet mir, dass er sich bereits einen Plan zurechtgelegt hatte, wie er sich der ihm unliebsamen Gäste entledigen konnte. Nachdem Vereníki geendet hatte, erhob er sich, trat in großer Geste vor uns hin und verneigte sich tief. Dann sprach er durch 4Caban 9Cehs Stimme zu uns:

„Verehrte Akna, verehrter Aknachob, o Hunahpu und Ixbalanqué, Yum Xac und all ihr anderen Götter, die ihr uns die Gnade erweist, unsere großartige Stadt durch Euren Besuch zu ehren, ich, Uaxaclahun Ubah Kauil, der göttergleiche König von Tikal, grüße Euch! Zu euren Ehren werden wir ein Ballspiel veranstalten und anschließend ein Opfer am Heiligen Teich darbringen, wie es sich für Euch geziemt! Seid uns willkommen!" Während die Menschen ringsum applaudierten, lief es uns „Göttern" kalt den Rücken hinab; denn das Opfer am Heiligen Teich, das wussten wir aus Oxhuitza, war mit einem Menschenopfer verbunden. Sollten wir das hinnehmen, um unsere Rolle zu wahren, oder mussten wir einmal mehr im Namen des Evangeliums dagegen Einspruch erheben, was uns bei den Maismenschen erhebliche Achtungsverluste einbringen würde?

Bis dahin blieb jedoch noch eine Frist. Auch Uaxaclahun Ubah Kauil, der Herrscher von Tikal behandelte uns mit großem Respekt und zelebrierten zu unseren Ehren ein Ballspiel. Wir wurden zu einem Spielplatz geführt, der etwa 20 mal 50 Meter maß, wobei die Stirnseiten ein wenig breiter angelegt waren. Aus dem Rasen ragten an verschiedenen Stellen Steinmale. Die Einfassungsmauern knickten etwa auf Schulterhöhe ab, um noch ein Stück schräg abgeflacht nach außen zu verlaufen. Ringsum verliefen Tribünen für zahlreiche Zuschauer. Als die Sonne mittags über dem Stadion stand, traten zwei Mannschaften zu je fünf Mann vor die Ehrentribüne, auf der neben dem König mit seinen Oligarchen und Priestern vor allem wir „Götter" und im Ornat eines Oberpriesters 12Ahau 6Xul Platz genommen hatten. Letzterer erklärte uns durch 4Caban 9Ceh kurz das Spiel:

Die beiden Mannschaften versinnbildlichen den Kampf zwischen Licht und Finsternis, Sonnenauf- und -untergang. Darum sind die einen rot gekleidet – es ist die Farbe des Ostens – die anderen schwarz wie die Farbe des Westens. Die Spieler – alle Gefangene – müssen eine schwere Kautschukkugel in der Luft halten und damit die Steinmale treffen. Dabei dürfen sie den Ball weder mit den Händen noch mit den Füßen berühren. Der Ball versinnbildlicht die Sonne. Fällt sie auf den Boden oder wird sie festgehalten, ist der Lauf der Sonne gestört. Dafür gibt es Minuspunkte. Zumeist wird die Kugel mit

den Oberschenkeln und Oberarmen geschlagen oder man lässt ihn an Hüfte, Brust oder Rücken abprallen. Daher tragen die Spieler breite Hüftgürtel und wattierte Handschuhe als Schutz. Zur Zeit unserer Großväter wurden die Spieler der unterlegenen Mannschaft noch alle zu Ehren der Götter hingerichtet. Heute aber steht schon

zu Beginn fest, wer stellvertretend für die anderen sterben soll. Das Spiel zielt darauf, dass uns die Götter den Pulque erhalten mögen." Inzwischen hatte der Schiedsrichter nochmals die Kleidung der Spieler überprüft: leichte Helme mit prächtigem Federputz, breite mit Watte gepolsterte Ledergürtel, die die Hüften wie Hufeisen umschlossen, breite Leibbinden darüber und große wattierte Handschuhe. Unter rituellen Gesängen wurden den Mannschaften große Krüge mit Pulque gereicht, die sie reihum reichten und leerten. Anschließend wurde der Ball freigegeben.
Der Verteidiger der Schwarzen nahm die Kugel geschickt mit dem Ellenbogen auf, ließ sie auf der Hüfte abrollen und stieß sie mit einer kraftvollen Drehung etwa sechs Meter weit zu einem seiner Kameraden. Der stoppte den Ball mit dem Hintern und zirkelte ihn gegen die Mauer. Von der Bande sollte der Gummiball zurückspringen und den Stürmer erreichen. Doch der Mann rutschte vom Pulque berauscht aus und erwischte den Ball im Fallen mit den Händen. Die Zuschauer tobten. Jetzt waren die Roten am Zug. Der Mannschaftskapitän schleuderte die Kugel mit dem Steiß in Richtung Seitenwand. Dort sah sie ein Kamerad kommen, machte eine Art Liegestütz und schnellte dann hoch, um den Ball mit dem Rücken weit über den Platz zu schlagen. Kurz vor der Stirnwand nahm sie ein anderer mit der Brust auf und jagte sie mit einem Hüftschwung genau auf eines der Steinmale. Die Zuschauer applaudierten. Nach diesen bemerkenswerten artistischen Leistungen machte sich auch bei den übrigen Spielern der Pulque bemerkbar. Immer schwerfälliger versuchten sie, den Ball über den Platz zu dirigieren, bis das Spiel schließlich abgebrochen werden musste. Der

Oberpriester von Tikal betrat den Platz und faselte etwas von göttlichen Visionen. Weitere Priester kamen auf das Spielfeld und geleiteten den Kapitän der Schwarzen in die Mitte des Platzes. Die Masebe dort, so erkannten wir erst jetzt, trug das Relief eines Totenschädels. Dort kniete sich das Opfer volltrunken hin, von seinen Kameraden an den Armen gestützt, während ihm mit dem Ritualmesser der Kopf vom Rumpf getrennt wurde. Sein Haupt wurde den Göttern dargebracht, der Rumpf mit einem leeren Pulquekrug zu einer Öffnung in der Mauer gebracht und dort „in die Unterwelt" entlassen, wo er sich seinen Krug nach der Vorstellung der Maismenschen wieder füllen lassen sollte. Er war in der Überzeugung gestorben, damit seine Welt gerettet zu haben.

„Die Herrn der Finsternis sind durch das Opfer zufriedengestellt und Tajin, der Regengott, wird dafür sorgen, dass die Agaven weiter wachsen und der Pulque auch künftig in Strömen fließt", kommentierte 4Caban 9Ceh. Bestürzt erkannte ich hier, wie die zweifellos einst hohe, ernste Welt der Maya zu einem leeren Kult rund um den Alkohol degeneriert war. Überhaupt fiel mir in Tikal trotz all des Glanzes und der Größe der Paläste und Tempel deutlicher als anderswo auf, dass sich die Menschen dem Suff hingaben und offensichtlich keine Zukunftsperspektive mehr für sich hatten. An allen Ecken und Enden lagen auch tagsüber betrunkene Bauern und Krieger oder wir gingen über Scherben zertrümmerter Pulquekrüge. Ebenso wie andernorts wucherten die Städte das Land zu, während die Felder ausgelaugt und die Berghänge abgeholzt und erodiert waren. Für mich war es nur eine Frage der Zeit, bis das gesamte Gesellschaftssystem der Maismenschen in sich zusammenstürzen würde.

Umso mehr verspürten meine Freunde aus Britannien und ich den Wunsch, Jesu Christi Frohe Botschaft auch hier in Tikal zu verkünden; in der Tat konnte es den Menschen neue Hoffnung vermitteln. Allerdings mussten wir schnell feststellen, dass das der König nicht duldete. Weder Akna, noch einer der anderen „Götter“ durfte offen zu größeren Menschenmengen sprechen. Die starke Eskorte, die uns Uaxaclahun Ubah Kauil zur Seite stellte, trieb jede Ansammlung sofort auseinander. Mahnten wir das an, so warfen sich die Offiziere schicksalsergeben auf den Boden, um ihr Leben hinzugeben, nahmen ihre Befehle aber nicht zurück. Immerhin wurde „Akna“, mir und unseren Kinder die große Ehre zuteil, die Große Pyramide von Tikal besteigen zu dürfen. Der König persönlich geleitete uns und 12Ahau 6Xul mit einer standesgemäßen Eskorte über den großen Platz. In neun steilen Stufen ragte der Haupttempel auf der Stirnseite des großen Platzes auf. Überhaupt beeindruckte mich die wuchtige, strenge Architektur, die Tikals Anspruch auf Macht und Größe demonstrierte. In keiner anderen Stadt hatten wir das in dieser Intensität gesehen. Die Maismenschen hatten sich in gebührendem Abstand versammelt, um das von Glöckchen und Pauken umrahmte Ritual zu beobachten. Würdevoll und langsam erklomm Uaxaclahun Ubah Kauil die Stufen der breiten Freitreppe, die zum Tempelhaus auf der Spitze der Pyramide führte. Dabei sprach er Gebete zu seinen Göttern. Akna, Aknachob, deren Kinder und 12Ahau 6Xul folgten ihm. Vereníki wurde nervös, als während der langwierigen Prozedur Leonidas, vor allem aber Zoï und Evdoxía unruhig zu werden begannen. Den König schien das aber nicht zu stören. Überraschenderweise nahm er darauf Rücksicht und beschleunigte den Aufstieg. Auf der schmalen Terrasse vor dem Tempelhaus angekommen bot sich uns ein grandioser Blick über die Stadt und das Umland. Vereníki und ich waren erleichtert, dass diesmal auf ein Menschenopfer verzichtet wurde. Wir sagten unseren Kindern nichts davon; die braunrote Spur, die sich in der Mitte der Freitreppe hinaufzog stammte zweifellos von unzähligen Menschen, die dort hinabgestürzt worden waren, sobald der Priester ihnen das Herz bei lebendigem Leibe herausgeschnitten hatte. 12Ahau 6Xul hatte uns davon bereits in Oxhuitza erzählt. Fast wie ein Fremdenführer erklärte uns Uaxaclahun Ubah Kauil den reichen Reliefschmuck an den Wänden und einer über dem Hausdach hoch aufragenden Stehle. Dann lud er uns ein, in das Heiligtum einzutreten. Wiederum gingen uns der König und seine Wache mit Fackeln voran. Uaxaclahun Ubah Kauil erwies der Statue des Stadtgottes von Tikal seine Verehrung und bog dann nach links ab. Jenseits einer schmalen Pforte führte eine Treppe in die Finsternis hinab. Ein kühler Luftzug strömte uns entgegen, während wir langsam und alte Texte rezitierend im Fackelschein endlose Stufen hinabstiegen. An den Wänden links und rechts erzählten üppige, farbenfrohe Fresken sonderbare Geschichten. Mir fiel auf, dass die Maismenschen offenbar die Kunst des Rundbogens nicht beherrschten. Das Gewölbe über uns verjüngte sich steil nach oben, um von breiten Schlusssteinen gedeckt zu werden. Endlich wandte sich die Treppe nach rechts und endete in einer kleinen Kammer. Ich hatte die Stufen gezählt wie es Leonidas beim Aufstieg getan hatte. Folglich waren wir noch einige Meter über dem Niveau des Platzes. Der König ließ eine Tür öffnen und trat hindurch. Nochmals führten eine Anzahl Stufen nach unten. Über uns öffnete sich nun eine große Kammer. Falls ich meine Orientierung nicht verloren hatte, standen wir nun auf Bodenniveau direkt hinter der Freitreppe, die zum Tempel hinaufführte. Uaxaclahun Ubah Kauil erklärte die Kammer, 12Ahau 6Xul übersetzte:

„Dort vor uns seht ihr die Grablege der göttlichen Könige. Begonnen mit dem ersten Herrscher von Tikal werden hier alle seine Nachfolger bestattet. Die Bilder auf der Treppe und hier in der Grabkammer erzählen von ihren ruhmreichen Taten." Vereníki und ich erschauerten. Wir fürchteten, Uaxaclahun Ubah Kauil ließe uns mit unseren Kindern einfach hier einschließen. Er reichte uns aber einen Krug Pulque, den einer seiner Krieger mitgebracht hatte.

„Der König bittet Euch, auf sein Wohl und ein langes Leben zu trinken", übersetzte 12Ahau 6Xul. Wir prosteten ihm so freundlich zu wie wir es vermochten und tranken vom Agavenschnaps. Uaxaclahun Ubah Kauil nahm den Krug und tat ebenfalls einen kräftigen Zug. Den Rest schüttete er über den Sarkophag. Dann lud er uns überraschend gut gelaunt ein, ihm wieder zur Oberfläche zu folgen. Unendlich erleichtert verließen wir von der Eskorte gefolgt die Grabkammer und kehrten zum Tempelhaus zurück. Als wir auf dem Platz wieder zu unseren Gefährten kamen, hatte sich die Furcht verflogen und selbst die Kinder berichteten fasziniert von den Eindrücken aus dem Inneren der Pyramide.

Am letzten Tag der Feierlichkeiten prozessierte der Herrscher Uaxaclahun Ubah Kauil mit seinen Oligarchen und der ganzen Stadt zu einem nahegelegenen Heiligen Teich, um dort den Bolontiku, den Neun Herrn der Nacht, ein Menschenopfer darzubringen. Der Teich

war eine gewaltige, aus dem porösen Kalkgestein heraus geschwemmte Doline, auf deren tiefem Grund dunkel frisches Wasser glänzte. Das dort eingefangene Regenwasser lieferte in der trockenen Gegend das Trinkwasser für die Stadt. Überall dort, wo der Regenwaldund das Buschwerk abrupt durch die senkrecht abfallenden Kalkwände aufhörte, drängten sich die Maismenschen am Abgrund, um der Zeremonie beizuwohnen. Mit gewohntem Pomp wurden die Riten von den Priestern durchgeführt. Endlich näherte sich der Augenblick des Opfers. Ein junges Mädchen, kaum älter als Leonidas, in prächtige Federn gekleidet, wurde nur wenige Handbreit neben Akna und Aknachob zur Kante geführt. An den Händen war sie bereits gefesselt. Nun umwand ihr ein Priester auch die Füße mit Stricken. Steine hingen als Gewichte daran. Während die Priester die Hymnen an die Götter vortrugen, blickte das Mädchen mit angsterfüllten und hoffnungsvollen Augen auf „Akna“, die, ihren Sohn an der Hand, mit bleichem Gesicht auf das Mädchen schaute.
„Mama, die dürfen das Mädchen nicht da hinunterwerfen“, klagte Leonidas. „So kann sie doch nicht schwimmen!“ Vereníki nickte mit schmalen Lippen. Das Morden zu ihren Ehren musste ein Ende haben.
„Dieses Opfer gehört mir!“, rief Vereníki mit lauter, strenger Stimme über den Teich. „Ich beanspruche es für mich! Werft sie nicht zu den Nichtsen ins Wasser, übergebt sie mir, die ich leibhaftig und lebendig unter euch stehe, damit Tikal aufblühe!“ Mit blassem Gesicht übersetzte 4Caban 9Ceh. Durch die Menschenmenge lief ein Raunen. Einige applaudierten doch viele erhoben ihre Stimmen zum Protest. Der Priester blickte „Akna“

scharf an, wich aber unter ihrem stählernen Blick unmutig grunzend zurück und stieß das Mädchen vor „Aknas“ Füße.

„So hört auf, die Kräfte der Natur anzubeten. Sie werden euch nicht helfen. Sie können es nicht!“, rief Vereníki im Augenblick ihres Triumphes und 12Ahau 6Xul verlieh ihren Worten eine kräftige Stimme. „Glaubt an den wahren Gott, den Einzigen, der diese Welt gemacht hat und glaubt an seinen Sohn, Jesus unseren Herrn, der König ist über alle Könige und der allein euch vom Untergang erretten kann! Indem ihr mir dieses Opfer dargebracht habt, wird Gottes Güte über euch kommen!“ Vereníki segnete die Menge und gebot den Maismenschen, in ihre Häuser zurückzukehren. Verwirrt und aufgewühlt gehorchte die Menge. Thorwald nahm dem Mädchen die Fesseln ab. Dankbar kauerte es sich zu Verenílkis Füßen, schloss ihr rechtes Bein in ihre Arme und blickte ehrfürchtig und unendlich dankbar zu ihr auf. Vereníki hob es hoch, stellte es auf die Beine und umarmte es glücklich. Beflügelt von ihrem Sieg über die Götzen der Maismenschen ließ sie sich eine Schale Wasser geben und goss sie dem Mädchen über den Kopf.

„So wahr Jesus Christus mein Zeuge ist, taufe ich dich auf den Namen Christina von Bolsena. Denn diese wurde von Diokletian an einem Mühlstein im Wasser ertränkt.“ 4Caban 9Ceh übersetzte ihre Worte. Das Mädchen nickte und ließ ihre großen Augen nicht von der Lichtgestalt der „Göttin Akna“. Sie hatte ihre Aufnahme in die Gemeinschaft der Christen in der Taufe, die mit ihr gerade geschehen war, nicht begriffen. Sie wusste aber sehr wohl, dass sie dem Tod entrissen war und sie uns als lebendiger Mensch mehr galt, als ihr Tod.

In dieser Nacht wurde ich plötzlich von heftiger Unruhe erfüllt und konnte nicht mehr schlafen. Also rüstete ich mich und ging zu den Wachen vor unserem Haus. Neben drei Wikingern hatte Erec zu diesem Zeitpunkt Dienst. Die Nacht in Tikal war ruhig. Das überwältigende Sternenzelt glänzt über der Stadt.
„Was ist mit dir, Herculla?“, fragte der Ritter. „Du hast doch jetzt noch keinen Wachdienst.“
„Ich kann es dir nicht erklären“, antwortete ich. „Ich fürchte etwas – aber ich kann nicht sagen, was es ist. Große Angst hat mich ergriffen. Ich fürchte, wir sind hier unseres Lebens nicht mehr sicher. Auch wenn sie vollkommen richtig gehandelt hat, ist Vereníki heute zu weit gegangen.“
„Aber die Heiden haben ihr doch gehorcht“, wandte einer der Wikinger ein. „Und der König hat Euch doch mit in die Pyramide genommen und so geehrt. Weshalb sollten wir uns Sorgen machen?“
„Wenn uns die Priester der Maismenschen aber nun doch töten wollen, könnten sie es hier, mitten in ihrer großen Stadt, problemlos tun“, wandte ich ein. „Würden sie uns hier umzingeln, hätten wir keine Chance.“
„Ich kenne dich nicht wieder“, wandte einer der Wikinger ein. „Der große Held zittert wie eine Memme?“
„Der große Held ist einer geworden, weil er sein Leben nie leichtfertig aufs Spiel gesetzt hat“, antwortete ich freundlich und ignorierte die Beleidigung. „Ich danke dir für das, was du so offen gesagt hast, Olav. Jetzt erkenne ich es klar: Ich lebe heute noch, weil ich ein Gespür für Gefahr entwickelt habe. Und ich spüre, dass etwas nicht stimmt.“ Entschlossen kehrte ich in das Haus zurück und weckte Vereníki, Thorwald und Lanzelot.

„Weckt all die anderen auf“, befahl ich. „Wir müssen aus Tikal fliehen – sofort und heimlich. Sorgt dafür, dass alle das Nötigste mitnehmen; vor allem Wasser und Lebensmittel. Das Gold aus Gana lasst notfalls da. Wenn es hell wird, sollten wir die Stadt verlassen haben.“
„Was fürchtest du?“, fragte Lanzelot.
„Mir ist klar geworden, dass wir hier mehr als in allen anderen Städten der Maya keine Überlebenschancen haben, wenn man uns umzingelt“, antwortete ich. „Ich habe bis heute überlebt, weil ich bislang auf meine innere Stimme gehört habe. Draußen ist alles still. Aber ich spüre, dass etwas gegen uns im Gange ist.“
„Es ist also nur eine Vermutung“, resümierte Thorwald. „Wegen einer Vermutung, einer Ahnung, einem Gefühl sollen wir unser Gold zurücklassen? Einfach so?“
„Ursprünglich wollten wir nie hierher kommen, Thorwald, alter Freund“, antwortete ich. „Unsere britischen Pilger hier wollten nach Westen, um den Heiligen Gral zu suchen. Es hat sich so ergeben, dass wir alle ins Goldland gingen und ich habe mich deinem Plan nie widersetzt. Dann konnten wir nicht anders, als nach Westen zu fahren und hielten es für ein Gottesurteil. In dieser Zeit hier bei den Maismenschen bin ich zusammen mit Vereníki von allen als Anführer respektiert worden. Unter meiner Führung ist keiner von uns zu Tode gekommen. Damit das so bleibt, verlange ich, dass ihr auch jetzt tut, was ich euch sage.“
„Schon gut, schon gut“, beschwichtigte der Wiking. „Aber wo sollen wir denn hin? Wir kennen das Land doch gar nicht.“
„Wir nicht, aber die Maya, die sich uns angeschlossen haben, schon“, antwortete ich. „Ich erinnere mich, als

wir von Bonampak kommend nach Tikal aufbrachen und diesen großen Fluss überquerten, berichtete einer von ihnen über 4Caban 9Ceh, dieses Gewässer flösse nach Nordwesten in ein fernes Meer. Dort müssen wir hin. Dem Wasserlauf folgend haben wir eine Chance, das Meer zu erreichen und die Welt der Maismenschen zu verlassen."

„Hoffentlich weißt du, was du tust. Bis zu diesem Fluss ist es gewiss über hundert Kilometer zu laufen", grunzte Thorwald und machte sich daran, seine Leute leise zu wecken Eine halbe Stunde später waren alle zum Aufbruch bereit. Wieder ging ich zu den Wachen hinaus.

„Es ist alles ruhig", meldete Erec überrascht.

„Trotzdem. Wir fliehen von hier", erklärte ich. „Alle sind bereit. Seid so leise wie möglich." Unter Führung unserer Anhänger aus den Reihen der Maismenschen schlichen wir im Lichte des abnehmenden Halbmondes durch Tikals stille Straßen. Allmählich fragte ich mich, ob meine Ahnung nicht doch völlig unbegründet war und ich schämte mich insgeheim, dass ich die Pferde derart scheu gemacht hatte. Da flackerte plötzlich einige Straßenzüge weiter Fackelschein auf. Wir blieben im Schatten der Häuser stehen und bemerkten zahlreiche Gestalten, die zum Tempelplatz eilten. Sie bestätigten meine Unruhe. Thorwald nickte mir anerkennend zu. Von den sich sammelnden Kriegern unbemerkt eilten wir weiter. Endlich erreichten wir die südwestlichen Maisfelder. Während die Krieger Tikals unter der Führung ihrer Priester, Aristokraten und des Königs rings um unser Quartier auf den Aufgang der Sonne warteten, eilten wir durch die Felder davon. Als der erste Schimmer des Morgengrauens den Himmel erhellte, erreichten wir das

Dschungeldickicht. Dort gönnten wir uns eine kurze Pause ehe wir südwärts durch den feuchten Urwald trabten, solange uns die Füße trugen. Schwitzend und fluchend schleppten die meisten Wikinger ihren Goldanteil aus Gana um die Hüften gegürtet neben all ihren Waffen und den gleichmäßig verteilten Essensvorräten. Allein Leonidas und seine kleinen Schwestern schienen Freude an dem riskanten Spiel zu haben, weil es aufregend war. Selbst der neu getauften Christina steckte die Angst in den Gliedern. Sie konnte sich ausrechnen, was sie bei einer Ergreifung erwartete. Entsprechend spürten auch unsere Kinder natürlich die nervöse Stimmung unter den Gralssuchern und selbst unter Thorwalds kaltblütigen Recken und begannen zu quengeln.

Unser Vorsprung mochte etwa drei bis vier Stunden betragen. Solange, schätzte ich, hatte es gedauert, bis die Maya unsere Flucht bemerkt und den Fluchtweg durch die Felder entdeckt hatten. Von Zorn und Hass getrieben eilte uns Uaxaclahun Ubah Kauil mit seinen Kriegern nach. Und der Vorsprung schmolz gewiss rasch, denn die Maismenschen vertrugen das Klima besser und mussten nur unserer ausgetretenen Spur folgen. In den schwülen Nachmittagsstunden mussten wir endlich eine längere Rast einlegen. Wir waren müde und erschöpft. Kaum konnten wir nachtrinken, was wir durch das Schwitzen an Flüssigkeit verloren. Nach etwas über einer Stunde formierten wir uns wieder zum Aufbruch. Doch da waren fern hinter uns bereits die Krieger zu hören.

„Wir werden keine Chance haben, wenn sie uns auf der Flucht einholen“, warnte 5Oc 16Zac furchtsam. „Ihr solltet den Kampf hier austragen, so wie Ihr es vor Seibal getan habt.“

„Er hat Recht", sagte ich zu Thorwald und Lanzelot. „Wir stellen uns ihnen hier. Am besten kämpfen wir in kleinen Gruppen zu je sieben Mann. Wir müssen die ungeordnet heranstürmenden Krieger einkesseln und niedermachen, bevor sie sich zu einer Schlachtordnung formieren können." Die anderen nickten. Wir suchten uns einen etwas lichteren Platz, der sich für ein Gefecht eignete und rotteten uns rasch unter Thorwalds Rufen in wohlüberlegten Stellungen zusammen. Meine Familie und Guinevere wurden zusammen mit den Frauen und Kindern der Maismenschen in die Mitte der kleinen Zirkel genommen, da wir nicht damit rechnen durften, dass die Feinde sie verschonen würden.

Es dauerte dann auch nicht mehr lange, bis uns die ersten Krieger aus der Vorhut erreicht hatten. Wie abgesprochen stürzten sich unsere kleinen Einheiten auf jeden, der in unsere Nähe kam. Uaxaclahun Ubah Kauil und seine Truppenführer durchschauten unsere Taktik schnell und riefen die Vorauseilenden mit dem Klang ihrer Muschelhörner zurück. Nicht ohne Grund suchten auch sie die Auseinandersetzung nur in freiem Gelände, nicht im unübersichtlichen Dickicht. Also beschränkten sie sich nun darauf, uns einzukesseln. Nur die kühnsten ihrer Krieger wagten sich direkt gegen unsere Kampfformationen. Da ihre eigenen hölzernen Waffen trotz deren Obsidianklingen gegen unsere stählernen Schwerter und Äxte weitgehend unbrauchbar waren, bezahlten sie das in der Regel mit Tod oder Flucht. Doch von Stunde zu Stunde wurden ihre Angriffe wütender und vor allem organisierter. Wir mussten Verletzungen hinnehmen und es war absehbar, dass die ersten von uns ihr Leben ließen. Erst als die Dämmerung hereinbrach, unterbrachen die Krieger ihre Angriffe. Nachdem auch wir diese Pause zur Erholung genutzt hatten, versuchten wir mitten in der Nacht einen Durchbruch. Allein hätten wir Männer es wohl geschafft. Mit all den Frauen und Kindern waren unsere Kampfeinheiten aber zu unbeweglich. Folglich blieben wir an den Reihen der überraschten Maismenschen hängen und mussten uns wieder in den Kessel zurückziehen, unsere Verwundeten versorgen und neue Kräfte sammeln. Der Kampf setzte sich so auch am Folgetag bis zum Abend fort. Unsere Formationen hielten stand und schützten die Frauen und Kinder erfolgreich. Allerdings mussten wir unsere ersten Toten beklagen. Neben drei Wikingern fielen auch einige unserer Freunde von den christlichen Maismenschen. Beim ersten Morgengrauen verständigte ich mich mit Thorwald und Lanzelot.

„Wir dürfen hier keinesfalls bleiben“, erklärte ich. „Die Krieger aus Tikal müssen ja nur warten, bis uns die Vorräte ausgehen. Damm werden sie uns alle niedermachen. Wir müssen ihrer Belagerung entkommen.“

„Dann vereinigen wir unsere kleinen Einheiten zu einem Wikingerring und erzwingen den Durchbruch“, schlug Thorwald vor. Lanzelot nickte stumm. Auf Thorwalds Befehl schlossen wir uns alle zu einem großen Ring und marschierten auf die Maya zu. Anhand von Lanze, Streitaxt, Wurfhammer und Schwert schlugen wir eine blutige Schneise in die Reihen unserer Feinde und drängten sie zurück. Unerschrocken und todesmutig bedrängten uns die Krieger aus Tikal aber und hielten unserem Angriff stand. Mehrmals drohten sie, die wackeren Mannen um Thorwald, Lanzelot und mich zu überrennen. Mir wurde bitterklar, dass wir uns aus diesem Kessel nicht befreien konnten. Wollten wir uns retten, mussten wir eine andere Lösung finden. Bis zum Nachmittag hatten nicht nur den Maya, sondern auch wir erneut viele Verwundete und Tote zu beklagen. Mir taten meine Kinder leid, die völlig verschreckt bei den ebenfalls verängstigten Frauen kauerten. Da erspähte ich Uaxaclahun Ubah Kauil relativ nahe bei uns.

„Lanzelot, sieh dort, der König!“, rief ich meinem Freund zu. „Kannst du ihn mit einem Wurf erreichen?“

„Es ist weit, aber ich denke schon“, meinte der Ritter die Entfernung abschätzend.

„Dann versuch es. Ich werde seine Aufmerksamkeit ablenken!“, rief ich, löste mich aus der Formation und schlug mit dem *Fosforos* eine ganze Reihe unserer Angreifer nieder. Tatsächlich blickten Uaxaclahun Ubah Kauil und seine Anführer kurz zu meinem wütenden Ausfall. Inzwischen nahm Lanzelot Maß und schleuderte einen unserer letzten Speere. Er bohrte sich dem König in die Brust. Schreiend brach er unter dem Stoß zusammen. Endlich setzten sich die Maismenschen von uns ab. Ihres Königs beraubt, zogen sie sich zurück. Müde aber zufrieden gab ich sofort den Befehl zum geordneten Abzug. Wer konnte, stützte einen verwundeten Kampfgenossen. Im schwindenden Tageslicht marschierten wir in geschlossener Formation weiter, solange es uns konditionell möglich war. Wir mussten unbedingt diese Chance nutzen, um aus dem tödlichen Kessel zu entwischen. Das bedeutete aber auch, dass wir unsere Gefallenen zu unserem Unmut unbestattet liegen lassen mussten. Die Krieger aus Tikal warteten mit einer neuerlichen Attacke, bis ihre Aristokraten und Priester unter sich einen neuen Anführer gewählt hatten. Dann folgten sie uns, ohne uns allerdings erneut anzugreifen.

Schließlich glitzerte der breite Fluss vor uns im übernächsten Morgengrauen. Erleichtert befahl ich den sofortigen Übergang. Wenn wir den Fluss und den offenen Himmel über ihm zwischen uns und der Armee hatten, so hoffte ich, waren wir sicher. Einer der Konvertiten aus Tikal wies uns den Weg zu einer Furt nahe einer Felsstufe, über die das Wasser in Kaskaden hinabstürzte. Während etwa die Hälfte der Wikinger zusammen mit unseren Maya-Freunden, Thorwald, Lanzelot und Bors das hiesige Ufer schützten, führte ich die andere Hälfte zusammen mit Keïta, Erec und Johannes durch das strömende Wasser zum anderen Ufer hinüber. Sobald wir es gesichert hatten, wagte Veraníki mit unseren Kindern, Klara, Guinevere und den Frauen und Kindern der Maismenschen den Übergang. Wir Erwachsenen hatten Mühe, im strömenden Wasser den sandigen Boden nicht unter den Füßen zu verlieren. Denn das wäre unser Tod gewesen. Das nahe Tosen der Wasserfälle erinnerte uns unablässig daran. Die Kinder wurden entsprechend verteilt. Vereníki hielt Leonidas fest im Arm, Klara Zoï und Guinevere Evdoxía. Das Maya-Mädchen Christina wurde von einem der Mayafrauen getragen. Sobald alle den Fluss überquert hatten, zog sich die Nachhut zurück. Erste Krieger aus Tikal lagen bereits im Busch am jenseitigen Ufer der Furt. Sie hatten bereits mehrere Lanzen gegen Thorwalds Männer geschleudert. Der Fall eines weiteren Wikingers bestärkte sie in der Erkenntnis, dass wir „Götter" nicht unbesiegbar waren. Vorsichtig stiegen wir nun am Flussufer entlang der Kaskaden hinab und lagerten uns an einer günstigen Stelle am Westufer. Nun konnten wir uns eine Atempause gönnen, denn der Fluss schirmte uns tatsächlich gegen die Krieger auf der anderen Seite ab. Für einen Lanzenwurf war er zu breit, nicht jedoch für unsere Pfeile. Es war uns bewusst, dass wir unsere Verfolger damit nicht los waren. Zweifellos rückten auch sie stromaufwärts über die Furt nach und zudem die umliegenden Städte der Maismenschen mobilisieren. Voll Verzweiflung überfielen Thorwalds Männer ein nahes Fischerdorf, metzelten nieder, wer ihnen Widerstand leistete und erbeuteten mehrere Kanus, in denen wir in die Flussmitte hinaus paddelten. Es dauerte allerdings nicht lange, da mussten wir erkennen, dass uns zahlreiche Krieger mit weiteren Booten verfolgten. Mit unseren Langbögen nahmen wir unseren hartnäckigen Verfolger mit den letzten Pfeilen unter Beschuss. Mit Präzision schossen die Schützen auf die Verfolger, grimmig darauf bedacht, unsere Kameraden mit jedem Schuss zu rächen, denn die fortwährenden Gefechte hatten fast einem Drittel von uns das Leben gekostet. Bald schon zogen sich die gegen diese Waffe Machtlosen wieder zurück. Unter dem offenen Himmel wehte ein leichter, erfrischender Wind statt der stehenden Schwüle, die uns unter dem Blätterdach den Atem geraubt hatte. Nun kamen wir endlich rasch voran, wechselten uns mit dem Schlafen ab und trieben auf diese Weise die Boote unermüdlich an, bis sich der Fluss in einem weiten Trichter ins Meer ergoss. Erst jetzt, als die leichten Boote auf den Wellen tanzten und das Umfeld übersichtlich war, verspürten Vereníki und ich so etwas wie Ruhe und Sicherheit für unsere Familie, wie wir sie seit unserer Ankunft in Oxhuitza nicht mehr empfunden hatte.

Allerdings wussten wir nicht, wohin wir uns jetzt wenden sollten. Da der heilige Brendan in seinen Berichten von Nadel- und Mischwäldern im Gelobten Land gesprochen hatte, mussten wir deutlich weiter nach Norden fahren. Also ruderten wir in unseren Booten weiter die Küste entlang. Zu unserem Glück hatte Thorwald seine hölzerne Navigationsscheibe noch. Darauf kerbte er gewissenhaft unsere Position ein und konnte so den Breitengrad bestimmen. Es verunsicherte uns zunächst, dass die Küstenlinie weiter nach Westen führte. Aber wir sahen keine andere Möglichkeit, als ihr zu folgen – selbst als sie irgendwann südwestwärts führen sollte. Wir blieben also auf Kurs. Eine Alternative hatten wir nicht. Unmöglich konnten wir mit den gebrechlichen Kanus den Weg ostwärts übers Meer wagen. Zu unserer Erleichterung vollzog die Küstenlinie allmähliche aber deutlich eine Kehre Richtung Norden.

Außer dem, was wir auf der Haut trugen, hatten wir nichts mehr. Auch unsere Nahrungsmittel waren trotz strenger Rationierung bald aufgebraucht. Soweit es uns mit unseren bescheidenen Mitteln gelang, holten wir Fische aus dem Wasser. Um überleben zu können, mussten wir uns aber darauf verlegen, nach Wikingerart Dörfer an der Küste zu überfallen. Das war weder für die Gralssucher, noch für die mitgekommenen, getauften Maya akzeptabel; von Letzteren blieben darum immer wieder welche an Land zurück, weil das Verhalten der Nordmänner dem widersprach, was sie über das Christentum gelernt und für sich angenommen hatten. Thorwald und seine Leute sahen das nach hitzigen Diskussionen schließlich ein. Fürderhin landeten wir in der Helligkeit an, um mit den Menschen friedlich Kontakt aufzunehmen. Zunächst tauschten wir gegen Lebensmittel und Geräte das wenige Gold ein, das uns noch geblieben war und schließlich, was wir noch irgendwie entbehren konnten – das war nicht mehr viel, denn Waffen und Rüstungen wollten wir behalten. Vereníki begann schließlich, den Leuten für ihre Gastfreundschaft das Evangelium zu predigen. Für die frohe Botschaft waren manche bereit, uns von dem Wenigen, das sie hatten, etwas abzugeben.

Der Heilige Gral

Ohne Ende schien die Zeit zu sein, die wir dem unbekannten Gestade entlang dahinirrten. Allmählich hatte sich die Küstenlinie nach Osten gewendet. Eines Tages raubte uns Nebel die Sicht. Orientierungslos hielten wir uns dicht am Ufer. Kleine Inseln tauchten zur Rechten auf und das Land zur Linken schwenkte nach Norden ab. Erfreut folgten wir ihm in der Meinung, nun endlich Brendans Gelobtes Land an der Westküste des Ozeans gefunden zu haben. Bald schon aber mussten wir unseren Irrtum erkennen: der Nebel löste sich in der Sonne auf und bestätigte, was Thorwald bereits an der Strömung, die uns entgegenkam, schon vermutet hatte. Wir waren in einen mächtigen Strom eingeschert. Folglich landeten wir an und versammelten uns zur Beratung.

„Brendan hat von einer Meeresküste gesprochen, nicht von einem Fluss“, erklärte Lanzelot. „Folglich müssen wir der Küste noch weiter folgen.“

„Aber seht euch den Wald hier an!“, rief Bors. „Sind das nicht endlich Bäume, wie Brendan sie beschreibt? Wir müssen unser Ziel fast erreicht haben!“

„Es könnte doch sein, dass wir auch dorthin gelangen, wenn wir von hier einfach ostwärts das Land durchqueren“, schlug Keïta vor, der vom Wasser deutlich erkennbar genug hatte.

„Wir wissen aber nicht, wie weit der Weg noch ist“, gab Guinevere zu bedenken. „Und wir haben erfahren müssen, dass der Kontakt mit Einheimischen gefährlich werden kann.“

„Ich wünsche vor allem Sicherheit für meine Kinder“, verkündete Vereníki.
„Die Fahrt in den Booten war bislang am sichersten“, sagte ich. „Allerdings hatten wir Mühe, Nahrung zu besorgen. Hier auf dem Land könnten wir neue Pfeile herstellen und jagen.“
„Der Herr Iraklonas hat Recht“, bestätigte auch Thorwald. „Wir bespannen unsere Bögen neu und können endlich wieder was Anständiges essen.“
„Und nicht alle Einwohner dieser Welt sind uns so feindlich gesonnen wie die Herren der Pyramiden“, meinte Johannes. „Denkt an die vielen freundlichen Küstenbewohner, die uns so gütig beschenkt haben.“
„Sie haben dafür aber gern unser Gold genommen“, hörte ich Rolf neben mir grummeln.
„Bruder Johannes spricht die Wahrheit“, pflichtete 12Ahau 6Xul bei. „Nicht alle Menschen denken wie die irrgläubigen Maismenschen. Wir werden ihnen die Frohe Botschaft verkünden und dafür milde Gaben zum Überleben erbitten.“ Da sich die mitgekommenen Maya 12Ahau 6Xul anschlossen, entschied sich der Rat dafür, auf dem Landweg ostwärts zu ziehen. Zunächst steuerten wir also das Ostufer des Stromes an. Noch am gleichen Tag trafen wir auf ein paar Fischer. Zusammen mit Lanzelot, Vereníki, Keïta und Thorwald winkte ich ihnen zu und versuchte, Kontakt aufzunehmen. Unsere Rüstungen hatten wir verborgen und schauten mit der von den Küstenbewohnern erworbenen Kleidung, die wir trugen, nicht furchteinflößend aus. Darum wagten sie sich an uns heran. Durch freundliche Worte und offene Gesten fassten sie rasch Vertrauen und luden uns ein, ihnen zu ihrem Dorf zu folgen. Dankbar trieben wir unsere Boote

an und folgten ihnen, bis wir etwa eine Stunde später auf eine Siedlung nahe am Ufer des Stromes trafen. Die Fischer berichteten ihrem Häuptling und luden uns ein, den Ältesten Rede und Antwort zu stehen. Diese Menschen hier hatten etwa die gleiche bronzefarbene Hautfarbe wie die Maismenschen, unterschieden sich aber im Körperbau von jenen. Ihre Kleidung war schlicht und zweckmäßig aus dem hergestellt, was das Land ihnen schenkte. Aus Fischgräten hatten sie wunderbare Schmuckstücke hergestellt, die Männer und Frauen gleichermaßen trugen. Ihre Gewänder hatten sie zum Teil aus Leder gefertigt, vor allem aber aus Pflanzenfasern gewebt, da sie neben Fischfang und der Jagd vor allem vom Ackerbau lebten, wie uns die Felder ringsum zeigten. Jetzt bewährte es sich, dass wir in den zurückliegenden Wochen auf Plünderungen verzichtet und stattdessen mit den Küstenbewohnern verhandelt hatten. Wir kannten hierdurch schon einige Worte und Gesten, die auch hier im Dorf am großen Strom verstanden wurden. Endlich erhob sich der Häuptling:

„Ich, Hopothle Moci, Häuptling der Chahta, habe mich mit den Ältesten unseres Stammes beraten. Vor allem im weisen Osceola, der hier zu meiner Rechten sitzt, habt ihr einen wohlwollenden Fürsprecher gefunden. Seid unsere Gäste! Wir wollen nach Möglichkeiten forschen, wie wir euch bei eurer Suche helfen können“, erklärte er. „Zum fernen Meer, über dem die Sonne aufgeht, ist es ein weiter Weg, wohl 30 Tagesmärsche und mehr. Doch ihr könnt dem großen Strom, den wir Mississippi nennen, noch einige Tage stromaufwärts folgen. Dann ist es nicht mehr weit zum östlichen Gebirge und von dort näher zum Meer. Wir wollen einen bewährten Führer auswählen, der euch begleiten soll." Wir hatten seine Rede im Großen und Ganzen verstanden. Ich erhob mich daher und dankte ihm. Zwei Wochen blieben wir bei den Chahta, die uns sehr freundlichen aufnahmen. Dankbar unternahmen Thorwalds Leute Jagdzüge und versorgten die Einheimischen mit reichlich Fleisch. Die Chahta suchten oft die Nähe der wilden nordischen Krieger und britischen Ritter und lernten begierig alles Mögliche von ihnen; von der Waffenherstellung über Jagdmethoden bis zum Ringkampf, der ihnen trotz blauer Flecken und Zerrungen offensichtlich großes Vergnügen bereitete. Unsere christlichen Freunde von den Maya wussten den Chahta einiges über das Anbauen von Mais zu erzählen. Sie hatten auch noch ein wenig Saatgut dabei, das sie auf den Äckern der Chahta ausbrachten.

Osceola aus dem Rat der Weisen suchte wiederholt die Gegenwart von Vereníki und mir. Er brachte uns die hier weit verbreitete Zeichensprache bei, um sich mit uns besser verständigen zu können. Wir erkannten durch ihn schnell, dass die Chahta in uns keine Götter sahen. Doch er fragte uns viel und wollte uns verstehen und von uns lernen.

„Leben alle Chahta so wie ihr in kleinen Dörfern oder bauen sie auch große Städte?", fragte ich bei einer solchen Gelegenheit.

„Alle Chahta wohnen in Dörfern wie unserem", erwiderte Osceola. „Wie kommst du auf diesen Gedanken?"

„Ich hatte dir von den Maismenschen erzählt", antwortete ich. „Sie bauen Städte aus Stein und erreichten ihren Göttern hohe Pyramiden. Dort bringen sie ihren Göttern Opfer dar – und oft auch Menschen. Deren Tod soll die Ordnung der Welt fortbestehen lassen."

„Nein! So etwas tun die Chahta nicht!“, rief Osceola überraschend heftig. Er schien sich vergewissern zu wollen, ob er uns richtig verstanden hatte. „Wir bringen unseren guten Göttern von den Feldfrüchten dar, die uns der Boden schenkt, gelegentlich auch opfern wir ein erjagtes Tier – niemals aber einen Menschen. So ein grausames Opfer fordern unsere Götter nicht von uns. Erwarten eure das?“, schob er nach kurzem Zögern nach.
„Nein“, antwortete ich ernst. „Und die Maismenschen, die mit uns gekommen sind, auch nicht. Wir haben ihnen von unserem Glauben erzählt und sie haben sich uns angeschlossen. Unser Gott, der alles gemacht hat und den wir wie einen leiblichen Vater ansprechen dürfen, hat zwar gesehen, dass sich die Menschen immer wieder von ihm abwenden, weil sie meinen, alleine ihr Schicksal in die Hand nehmen zu können. Um sie davor zu erlösen, schickte er seinen eigenen Sohn, der für unsere Sünden sogar sein Leben gab, um uns zu erlösen.“
„Ein Gott kann nicht sterben“, erwiderte Osceola lächelnd. „Er kann alt und schwach werden und zu neuer Vitalität gelangen, wenn die Natur nach dem Winter erwacht. Dafür hilft ihm dann auch unser Opfer. Aber sterben kann ein Gott nicht.“
„Wäre er in seiner Gottheit geblieben, könnte er es fürwahr nicht“, bestätigte ich ihm. „Doch die vielen Menschen, die uns vorangegangen sind, haben die Erfahrung gemacht, dass Gott in ihrem Leben tatsächlich selbst ein Mensch geworden ist in Jesus von Nazareth. Er lehrte sie und tat wunderbare Dinge, wie sie nur Gott kann. Und er gab sein Leben hin, indem er es zuließ, dass sie ihn töteten. Aber er blieb nicht im Tod. Als Mensch, der er war, ist er wieder auferstanden und hat sein Menschsein zu

Gott mitgenommen. So hat er alle Menschen zu Gott zurückgeführt, damit sie alle das Leben in Ewigkeit haben.“

„Was du da sagst, beeindruckt mich“, gab Osceola zu, nachdem er länger schweigend überlegt hatte. „Erzähle mir mehr von deinem Jesus. Ich möchte ihn gerne näher verstehen.“

„Wenn du es wünscht, gerne“, sagte ich. „Aber er ist nicht *mein* Jesus. Seine Tun und seine Botschaft gehen alle Menschen an. Auch dich und die Chahta hat er erlöst, auch wenn ihr nie davon erfahren habt, weil sein Wirken die ganze Menschheit betrifft.“

„So will ich hören“, erklärte Osceola. „Im Gegenzug werde ich euch von unseren Riten erzählen. Ich weise euch aber darauf hin, dass ich alles, was ihr mir erzählt, auch meinem Häuptling und dem Rat weitergeben werde. Sie sollen sich auch ein Bild von eurem Gott machen.“

„Damit sind wir einverstanden“, erwiderte ich. In der Folge verkündeten wir ihm ungeniert Jesu frohe Botschaft. Wie er es uns gesagt hatte, berichtete er alles Hopothle Moci. Hatte jener uns zunächst aus Höflichkeit Gastfreundschaft gewährt, so schloss er jetzt mit uns Freundschaft.

Da die Maismenschen abwarten wollten, ob ihre Saaten hier aufgingen und wir den Chahta nicht zur Last fielen, blieben wir so lange, bis der Mais reif war. Inzwischen verbreitete sich das Wort Gottes auch bei den Nachbarstämmen der Maskoki und der Chickasaw. Auch sie waren Bauernvölker, die am großen Strom und östlich davon das Land bearbeiteten. Nach der Ernte feierte man im Dorf ein großes Fest, zu dem die Maismenschen unter 12Ahau 6Xuls Regie einige der glanzvollen Riten der Maya inszenierten, was die Chahta tief beeindruckte. Der

Mais schmeckte ihnen köstlich und Hopothle Moci bat die Maismenschen, ihnen etwas als Saatgut zu überlassen. Die Maya hatten während der vergangenen Wochen viel miteinander beraten. Nun fragte 12Ahau 6Xul den Häuptling und die Weisen, ob sie im Dorf bleiben durften. Osceola ergriff das Wort:

„Ihr seid zu uns gekommen, um unsere Gastfreundschaft zu erbitten. Durch euer Saatgut, das ihr uns großzügig überlassen habt, wurde unser Volk sehr bereichert. Wenn ihr nun fern eurer Heimat bei uns sesshaft werden wollt, so mögt ihr das tun. Ihr mögt ein Stück stromaufwärts euer eigenes Dorf gründen oder bei uns eure Hütten bauen und zum Volk der Chahta gehören – wie es euch beliebt." 12Ahau 6Xul bedankte sich als Wortführer der Maismenschen und wandte sich dann an Vereníki und mich.

„Wir hatten versprochen, Euch zu folgen", erklärte er. „Zunächst, weil wir in Euch unsere Götter sahen, dann, weil Ihr uns von Christus Jesus erzählt habt, in dessen Nachfolge auch wir uns begaben. Es tut uns leid, Euch nun alleine weiterziehen zu lassen. Aber hier haben wir neue Freunde und eine neue Heimat gefunden. Eine Heimat ohne Menschenopfer und Aristokraten, in der wir den Glauben, den Ihr uns gelehrt habt, ungestört leben dürfen."

„Das verstehen wir", erklärte Vereníki gütig. „Wir wünschen euch Gottes Segen dafür." Am Ende des Festes nahm Osceola Vereníki und mich beiseite.

„Ihr habt mir viel von eurem Gott erzählt. Heute nun will ich euch unseren heiligen Ort zeigen." Er führte uns durch die lichten Wälder hinter ihrem Dorf eine längere Wegstrecke, während er uns von ihren eigenen Mythen

erzählte. Schließlich standen wir vor einem Hügel, der von seinem Baumbewuchs befreit war. Nur oben auf der Anhöhe wuchs ein kleiner Hain. Ein gut befestigter Weg führte spiralenförmig auf die Kuppe hinauf. Ehrfürchtige Stille lag über dem ganzen Land. Nur das leise Rascheln des Windes in den Blättern der Bäume war zu hören.
„Das hier ist unser Heiligtum“, erklärte Osceola ehrfürchtig. „Der Ort, an dem wir unseren Göttern und Schutzgeistern am nächsten sind. Wir nennen ihn Nanih Waiya.“
Einige Tage später kam ein Wanderer ins Dorf, um Handel zu treiben. Vom Aussehen und seiner Kleidung unterschied er sich deutlich von den Bauern am großen Strom. Die wir uns auf unseren bevorstehenden Aufbruch vorbereiteten, nahmen wir von ihm keine Notiz – bis Osceola zu uns geeilt kam. Sein altes Gesicht verriet größte Erregung.
„Ihr müsst kommen!“, rief er bewegt. „Der Händler, der heute vom Volk der Kituwah weiter nördlich zu uns gekommen ist, hat von Christus schon gehört.“ Wie vom Blitz getroffen, folgten wir ihm.
„Das ist Sequoya vom Volk der Kituwah“, stellte uns Osceola den Mann vor. „Diese Fremden hier haben uns bereits von Christus erzählt.“ Der hagere Mann musterte uns mit seinem vom Wetter gegerbten Gesicht. Dann nickte er ernst und antwortete in der Zeichensprache. Er versicherte uns, Männer, deren Gesichter ebenso bleich waren, wie die der Ritter und Wikinger, hätten hinter dem eigenen Stammesgebiet jenseits der Berge kleine Häuser gebaut, in denen sie Christus Jesus verehrten. Die Gralssucher waren zutiefst ergriffen. Nach ihrer langen Irrfahrt hatten sie nun endlich das ersehnte Ziel vor

Augen. Sofort bestürmten sie den Mann, sie dorthin zu bringen. Er sah ihre Freude und lachte schallend. *Die Bleichgesichter sind wie Kinder in ihrer einfältigen Begeisterung*, erklärte er durch die Zeichensprache, *darum will ich euch zu meinem Volk mitnehmen und von dort zu den bleichen Männern bringen.* Aufgeregt rafften wir in Windeseile unsere Sachen zusammen, packten, was wir zwischenzeitlich angefertigt oder von den freundlichen Chahta geschenkt bekommen hatten und machten uns marschfertig. Die Gralssucher waren selig erfüllt vom Ziel ihrer Wanderschaft. In Thorwald mit seinen Männern, meiner Familie und Keïta aber keimte die Hoffnung auf, über den östlichen Ozean einen Weg nach Hause zu finden. Denn die Männer dort kannten ja gewiss Brendans Route nach Europa. Allein unsere Kinder Leonidas, Zoï und Evdoxía waren über den plötzlichen Aufbruch traurig, weil sie mit den Kindern der Chahta und Maya viele Freundschaften geschlossen hatten. Die Gastfreundschaft der Chahta gebot es Sequoya, eine Nacht zu bleiben. Am nächsten Morgen aber verabschiedeten wir uns von den uns ans Herz gewachsenen Chahta und von den zurückbleibenden Maismenschen. Wir bestiegen unsere Boote und ruderten unter Sequoyas Führung einige Tage flussaufwärts. Eine unbeschreibliche Feierlichkeit erfüllte uns alle und steckte sogar unsere Kinder an. Unterwegs und am Lagerfeuer tauschten wir uns viel mit Sequoya aus und erfuhren viel über sein Volk. Wie er uns erzählte, freute auch er sich über unsere Begleitung, da er so vor Überfällen anderer Stammeskrieger sicher war. Endlich, als wir wieder am Ufer anlegten, um zu übernachten, erklärte uns Sequoya, dass wir von nun an landeinwärts gehen müssten. Wir entluden die Boote und verteilten erneut Ausrüstung und Proviant. Der Kituwah führte uns nun zwanzig Tage ostwärts durch Wälder und Weiden. Das sanftwellige Gebirge rückte immer näher, bis wir es erreichten und über ein weites Tal hineinwanderten. Hier war das Land der Kituwah. Im ersten Dorf, das wir erreichten, erzählte Sequoya seinen Leuten von unserer Suche. Auch hier wurden sie freundlich aufgenommen. Auch dieses Volk betrieb Ackerbau und ein wenig die Jagd. Entsprechend waren ihre Hütten und Kleidungsstücke zumeist aus pflanzlichen Geweben oder Leder gefertigt, wie bei den Chahta. Die verbreiteten Schmuckstücke aus Fischgräten zeugten vom Handel der Stämme untereinander.

„Jenseits der Berge, die wir Appalachen nennen, beginnt das Land der Powhatan", erklärte uns Sequoya am Abend nach der Ankunft. „Die Powhatan und die Kituwah sind keine Freunde. Ich werde euch aber zu den Powhatan bringen und ihnen von eurer Suche berichten. Von ihnen haben wir von Christus gehört und sie werden sich freuen, Freunde der bleichen Väter zu treffen." Schon am Morgen verließen wir mit Sequoya das Dorf wieder und zogen durch die Berge, bis wir die Grenze zum Gebiet der Powhatan erreichten. Sequoya ging ein Stück allein weiter und kehrte zusammen mit einem anderen Krieger zurück. „Wie ich es geahnt hatte, keimte Misstrauen bei den Powhatan auf, als sie mich sahen", erzählte er. „Doch es verflog sofort, als ich von euch und eurem Ziel berichtete. Dieser hier, Menawa, will euch Christus-Sucher zu den bleichen Vätern führen. Ich selbst habe ihn gebeten, euch begleiten zu dürfen, damit ich beim Volk der Kituwah Genaueres über die bleichen Väter berichten kann."Während der sprach, musterte uns Menawa eindringlich, sichtlich überrascht und erregt. Am abendlichen Lagerfeuer befragten wir Menawa eifrig zu den Vätern und erzählten von unserer Fahrt. Sichtlich beeindruckt legte er schnell jede Zurückhaltung ab und gab uns bereitwillig Auskunft. So bestätigte er unsere Hoffnungen, dass es sich bei diesen frommen Männern tatsächlich um irische Mönche handeln musste und wir Brendans Gelobte Land nun wirklich erreicht hatten. Abermals packten wir frühmorgens und feierten vor unserem Aufbruch einen Dankgottesdienst. Wie auf einer Wallfahrt folgten wir Menawa durch die Wälder vom Gebirge herab ins Land der Powhatan und wurden von den Dörfern, in die wir kamen, freundlich und ehrfurchtsvoll aufgenommen, bis wir eines Tages auf einen überraschten, rotbärtigen Iren in einfacher Kutte trafen.

„Vater Dega, diese frommen Frauen und Männer kamen mit diesem Krieger dort aus dem Land der Kituwah zu uns. Sie suchen Christus“, erklärte Menawa dem verdutzen Einsiedler.

„Seid ihr nicht Wikinger?“, fragte der Mönch sichtlich verängstigt.

„Ja, unsere Freunde hier sind Wikinger“, erklärte Lanzelot, der den iroschottischen Dialekt erfreut erkannte. „Sie haben uns und unsere Freunde mit ihrem Schiff durch die halbe Welt gefahren, damit wir zur Sühne unserer Schuld den Heiligen Gral finden, von dem der heilige Brendan in seinem Reisebericht schreibt.“

„Wer seid ihr?“, fragte Dega fassungslos. Dieser Mann in schlichten Leder- und Baumwollkleidern war offensichtlich kein Wikinger. Trotz seiner wettergegerbten Haut strahlte er immer noch große Würde aus.

„Hier seht Ihr Königin Guinevere von Camelot. Diese hier sind meine Gefährten Erec und Bors. Und dort steht

Herculla der Römer mit seiner Familie, Keïta aus dem Königreich Gana und Thorwald mit seinen tapferen, zum Glauben gekommenen Männern. Ich bin Lanzelot vom See, Ritter der Tafelrunde Kämpe der Königin. Durch meine Schuld kam Zwietracht und Tod über das britannische Königreich. Darum möchte ich vor dem Heiligen Gral um Vergebung für meine Sünden beten. könnt uns vertrauen. Niemand wird Euch etwas tun."

„Eure Rede verwirrt mich, Herr Lanzelot", erwiderte Dega. „Doch kommt. Ich bringe euch zu unserem Abt Comgall. Ihm und den Brüdern sollt ihr alles genau erzählen." Auch die anderen beiden Einsiedler, Columcille und Dicul und ihr Vorsteher Comgall waren über unsere Ankunft hoch erstaunt. Sie nahmen uns gastfreundlich auf. Dafür mussten wir ihnen all unsere Abenteuer genau erzählen.

„O Vater Comgall, wisst Ihr, wo sich der Heilige Gral befindet?", schloss Lanzelot bewegt unseren Bericht.

Comgall lächelte milde und geheimnisvoll. Er erwog wohl, ob der Schatz, den er hütete jener war, den die Königin und die Ritter suchten. Doch er erahnte, dass er uns eine große Freude machen würde, wenn er ihn zeigte.

„Morgen sollt ihr beten und fasten", verkündete er darum. „Übermorgen ist Sonntag. Da will ich euch zu unserer Kapelle führen." Mit tiefem Ernst befolgten Guinevere und die Ritter Comgalls Gebot. Auch Sequoya, Keïta, Thorwald und seine verbliebenen Männer waren von diesem Augenblick so ergriffen, dass sie am Fasten und Beten teilnahmen.

In aller Frühe am Herrentag legten wir alle die Beichte ab und wurden dann von Comgall und seinen Mönchen durch den dichten, von fremden und mittlerweile doch so vertrauten Vogelstimmen erfüllten Herbstwald geführt. Der Pfad war gut ausgeräumt und teilweise sogar mit Kieseln oder Erde aufgefüllt. Schweigend und im Gebet versunken folgten Guinevere, Lanzelot, Erec, Bors und ich in unseren besten Kleidern und Rüstungen den feierliche Choräle rezitierenden Mönchen. Mit etwas Abstand folgten Vereníki mit Leonidas, Zoï und Evdoxía, Klara, Johannes, Keïta und Thorwald mit den Normannen sowie Menawa und Sequoya. Wir alle waren von der Erwartung überwältigt, nun endlich, nach all den Gefahren und Strapazen, dem Ziel so nahe zu sein und den Heiligen Gral tatsächlich sehen zu dürfen. Ich spürte meine Beine kaum und meinte über den Weg, gleichsam von Engeln geleitet, zu schweben. Endlich erkannten wir durch die dicht stehenden Bäume die Umrisse eines kleinen, aus Steinen gemauerten Gotteshauses. Comgall sperrte die Tür auf und öffnete sie.

„Tretet ein und seht den heiligen Kelch, der einst von Europa hierher gebracht wurde, damit die Menschen in diesem Land Christi Leib und Blut empfangen", erklärte er. Lanzelot trat in die Tür, blieb dann aber stehen und senkte die Augen. Sein Gesicht trübte sich ein und verriet bodenlose Trauer. Schweigend ging er beiseite und ließ Guinevere den Vortritt. Als auch sie zögerte, ging Bors an ihnen vorbei in die Kapelle hinein. Ich folgte ihm. Dann wagte auch Erec einen Blick auf die Reliquie. Guinevere war von Lanzelots Zögern erschüttert. Sie hatte gehofft, nun Vergebung ihrer Sünden und das Ende ihrer langen Bußzeit erreicht zu haben. Unsicher stand sie neben dem großen Ritter. Auch Vereníki zögerte und blieb vor der Kirche stehen – anders als die Kinder, die neugierig hineinliefen.

Auf einem Reliefgeschmückten Steinaltar stand im schweigenden Raum ein wunderbar gearbeiteter Kelch. Auf der Schale zeigte er Büsten von Jesus Christus und Maria, auf dem Fuß waren die vier Evangelisten zu erkennen. Ich erinnerte mich an ein ähnliches Stück, das ich in der Hofkapelle König Alberts in Winchester gesehen hatte und ordnete den Kelch in die fränkisch-karolingische Goldschmiedekunst ein. Bors, Erec und die anderen Gefährten aber sahen nicht den künstlerischen

Aspekt, sondern das Wunder, hier, am Rande der uns bekannten Welt dieses sonnenbeschienenen Juwel zu bestaunen. Denn das morgendliche Sonnenlicht, fiel durch eines der Fenster und, ließ das Gold und Silber in hellem Glanz erstrahlen. Überwältigt von dem Gedanken, nach den entbehrungsreichen Monaten inmitten heidnischer Riten und Grausamkeiten das ersehnte Ziel erreicht und einen Ort gefunden zu haben, an dem Christus herrschte, nahmen sie und auch ich den Kelch bereitwillig als den Heiligen Gral an. Wir erhoben die Hände, um zu Gott unserem Retter zu beten, für die erfolgreiche Gralssuche zu danken und Abbitte für unsere Sünden zu tun. Nachdem ich mein Dankgebet verrichtet hatte, denn ich war wirklich froh, meine Frau und meine Kinder bis hierher unbeschadet gebracht zu haben, ging ich zu Lanzelot hinaus. Der kauerte am Boden neben der Tür und starrte ins Gras. Guinevere verharrte immer noch neben ihm.

„Freunde, warum kommt ihr nicht und seht das Ziel eurer Pilgerfahrt?", fragte ich sie mit milder Stimme.

„Ich kann nicht – ich darf nicht", antwortete Lanzelot nach unendlich langen Minuten. „Meine Ehre ist befleckt. Ich bin nicht würdig, den Heiligen Gral zu sehen. Dafür muss ich erst noch Buße tun und mich reinigen."

„Aber hast du nicht wie wir alle vorhin die Beichte abgelegt?", fragte ich.

„Keine Beichte der Welt kann meine Ehre so einfach wiederherstellen …"

„Du irrst, Freund", unterbrach ich ihn. „Was wäre unser Glaube, wenn wir nicht darauf vertrauen dürften, dass Gott uns zuerst liebt und uns unsere Sünden vergibt, wenn wir reumütig umkehren? Du bist umgekehrt – schon als du dich aufgemacht hast, den Heiligen Gral zu suchen. Lanzelot! Deine Sünden sind von dir genommen. Du bist frei. Geh hinein, und danke Gott dafür. Und das Gleich gilt für Euch, Herrin", ergänzte ich und blickt Guinevere an. Dankbar trat sie an mich heran, zögerte aber, die Kapelle zu betreten und wandte sich erwartungsvoll Lanzelot zu. Der blickte noch eine Weile stumm vor sich hin. Dann nickte er und richtete sich auf.

„Also bitte ich dich, Herculla, mein Freund, mich zum Heiligen Gral zu geleiten. Ich bin bereit, zu gehen." Ich legte lächelnd Guineveres Hand auf Lanzelots Arm und ging den Beiden voran. Der Kelch leuchtete in unseren Augen – hell aber nicht unbarmherzig. Lanzelot und Guinevere knieten nieder, um lange vor ihm zu beten.

Im Anschluss feierten wir Pilger mit den Mönchen die heilige Liturgie. Wir empfingen den Leib und das Blut Christi aus dem Kelch, den die meisten für den Heiligen Gral hielten. Danach blieben wir noch eine Woche zusammen an diesem Ort, stärkten uns an den Speisen, die die Powhatan eines benachbarten Dorfes uns auf Bitte Comgalls brachten, beteten viel und dachten über unsere bisherigen Lebenswege nach.

Der Weg zurueck

Paradiesisch erschienen uns dieses Land und unser besinnliches Dasein. Freilich erinnerten uns unsere munteren Kinder aber daran, dass das Leben weiterging. Und auch Menawa und Sequoya taten dies, als sie sich von uns verabschiedeten, um in ihre Heimatdörfer zurückzukehren. So setzten wir uns endlich zusammen, um über unsere Zukunft zu beraten.

„Liebe Freunde, wir sind auf langer Wanderschaft gewesen“, begann ich. „Zuletzt aber haben wir das Ziel unserer Suche erreicht. Ich habe die letzten Tage viel mit Vereníki geredet. Wir wollen jetzt versuchen, nach Europa zurückzukehren. Unser Ziel war ja von vorn herein das Reich der Römer. Ich habe auch schon mit Dega gesprochen. Die Mönche kommen tatsächlich aus Irland, wie einst Brendan. Der Weg von dort hierher führt nach wie vor auf Brendans Kurs über die Schafsinseln und die Insel der Vulkane, wie sie Island nennen, das Eismeer und durch die Nebelbänke. Comgall hat mir ein Itinerar gezeigt, das Dega abgeschrieben hat. Darin sind die Kurse und alle wichtigen Landeplätze verzeichnet, vor allem die Landeplätze auf Island und den nordatlantischen Inseln. Sie müssen geheim bleiben, seit die Wikinger in diese Gebiete vorgedrungen sind. Seither bewegten sich die Iren sehr vorsichtig, um den Normannen nicht in die Hände zu fallen. Oft genug ist dies ein Katz- und Mausspiel auf Leben und Tod. Der Weg zurück ist allerdings um einiges einfacher. Wind und Strömung tragen einen ostwärts quer über den Ozean bis zu den britischen Inseln und weiter über die Nordsee. Gerade jetzt, da der Winter kommt, wehen starke Winde, die uns in zwei Wochen über den Ozean tragen können. Im letzten Abschnitt müssen wir allerdings die Wikinger Irlands fürchten. Die Fahrt über das Meer jedoch ist ihnen wegen der widrigen Umstände von Oster her unbekannt. So ist also unser Plan. Was aber habt ihr vor?“ Thorwald erhob sich.

„Auch meine Männer und ich haben bereits Rat gehalten. Auch unser Wunsch ist es, in unsere Heimat zurückzukehren. Insofern bleiben unsere Wege einstweilen die gleichen und ihr braucht die Nordmänner nicht zu fürchten.“

„Mein Ziel war es ja von Anfang an, nach Kairouan zu gehen, um dort zu studieren“, meldete sich Keïta zu Wort. „Durch Gottes unendliche Güte bin ich durch alle Gefahren am Leben geblieben. Doch ich will hier nicht bleiben. Nach dem Studium, so habe ich zu Hause versprochen, will ich ins Reich des Gana zurückkehren. Also bleibt mir keine andere Wahl, als den Ozean ein weiteres Mal zu überqueren.“

„Es mag dir vielleicht ein geringer Trost sein, dass dein Wissen über die Welt in deiner Heimat zweifellos hoch angesehen sein wird“, merkte ich vorsichtig an. Auch mich erfüllte Trauer um all die verstorbenen Wikinger und Maismenschen, für die wir doch Verantwortung übernommen hatten.

„Wie steht es mit euch, Herrin, Lanzelot, Bors und Erec?“, fragte ich schließlich meine Freunde.

„Ich werde hierbleiben. Als Nonne will ich meine Tage beschließen und den Menschen hier dienen, so gut ich es vermag“, erklärte Guinevere.

„Ich bin durch die halbe Welt gezogen, um den Heiligen Gral zu finden“, tat Bors kund. „Nun habe ich ihn gefunden. Ich will hier bleiben, um ihm bis ans Ende meiner Tage als Einsiedler vor ihm zu beten."

„So lautet auch mein Gelübde", sagte Erec; Lanzelot pflichtete bei.

„Auch ich werde bleiben, Herr Herculla", sagte Johannes ernst. „„ Ich wollte mich nicht mit dem Judendasein in Britannien abfinden, sondern Soldat werden. Ihr habt mich in Euren Dienst als Knappe genommen und dafür werde ich Euch immer dankbar sein. Aber ich habe erkannt, dass ich nicht nach Europa zurückkann, wenn ich mein freies Leben fortführen will. Sei es im Westen, im maurischen Andalusien oder im Römischen Reich – wohin ich auch gehen werde, wird mein Leben von Beschränkungen eingegrenzt werden, weil ich ein Jude bin. Hier schert das niemanden. Ich will bei den Brüdern bleiben und mit den Powhatan leben, als freier Mann, Jäger und – ja vielleicht auch als Krieger."

„Auch ich habe mich entschlossen, hier in Kontemplation und Gebet meine Tage zu beschließen", äußerte sich Lanzelot als Letzter. „Meine Waffen, so bitte ich dich, nimm mit und wirf sie ins Meer, wo es am tiefsten ist. Viel Blut klebt an ihnen; schuldiges und – leider – auch unschuldiges. Dieser Stahl soll kein Menschenblut mehr trinken dürfen." Ich starrte auf den Boden vor mir. Insgeheim hatte ich in den vergangenen Monaten immer wieder gedacht, Lanzelot und Johannes würden für die kommenden Jahre bei mir bleiben.

„Eure Worte betrüben mich sehr", sagte ich nach einer Weile mit belegter Stimme. „Ist das euer unumstößlicher Entschluss?"

„Ja", antwortete Lanzelot sofort monoton. Er erahnte meine Gedanken. Johannes nickte stumm.

„Wenn wir nun also alle unsere Wege klar vor Augen haben und uns entschieden haben, künftig getrennte Wege zu gehen, so lasst uns unsere Pläne rasch umsetzen. Die Zeit ist günstig“, erklärte ich.
„Also Männer!“, brüllte Thorwald. „Packt alles zusammen!“
„Herr Lanzelot, wollt Ihr wirklich nicht mit uns kommen?“, fragte Leonidas, der den Ritter sehr verehrte.
„Nein, mein junger Freund“, antwortete Lanzelot mit sanfter Stimme und schloss den Knaben in seine Arme. „Ich habe mich entschlossen.“
„Aber Herr!“, protestierte Leonidas. „Die Welt braucht doch einen Helden, wie Ihr es seid. Ihr könnt doch nicht einfach hierbleiben.“
„Ich habe auf mein Inneres gehört“, antwortete Lanzelot. „Der Herr Jesus hat mich gerufen, ihm hier zu dienen. Darum bleibe ich. Was gibt es schöneres, als einen Platz gefunden zu haben, der dem Willen Gottes entspricht?“
„Ich verstehe, was Ihr meint, Herr Lanzelot“, antwortete Leonidas traurig.
„Dann gehe in Frieden, mein kleiner Freund“, antwortete Lanzelot und segnete ihn. „Kommt, Schwester und Brüder“, sagte er dann an Guinevere, Johannes, Bors und Erec gerichtet. „Auch wir haben noch einiges vorzubereiten, ehe unsere Gefährten aufbrechen.“
Am nächsten Sonntag feierten wir zusammen nochmals den Gottesdienst in der Kapelle, die unsere Pilgerfreunde nun die Gralskapelle nannten und marschierten dann mit den Einsiedlern zur nahen Küste. Guinevere, Lanzelot, Erec und Bors waren in einfache Kutten gekleidet, die die Mönche ihnen überlassen hatten. Die Tafelritter übergaben mir ihre Waffen.

„Glaubt ihr nicht, ihr werdet wenigstens eure Messer noch brauchen – gegen wilde Tiere oder feindselige Menschen, die Gottes Ruf nicht folgen wollen?“, fragte ich.
„Wenn es Gottes Wille ist, dass ich im Maul eines Wolfes oder unter dem Beil eines bösen Menschen sterbe, so möge es geschehen“, meinte Lanzelot. „Ich jedenfalls werde mich nicht wehren, denn zu viel Blut habe ich vergossen. Damit soll jetzt Schluss sein.“ Bors und Erec schlossen sich dem an.
„So sei es also. Dann erbitte ich Gottes reichen Segen auf euch herab. Lebt wohl.“ Ich umarmte jeden Einzelnen, besonders auch Johannes. Dann verneigten sich die drei Ritter vor Vereníki und küssten ihr die Hand wie es auf Camelot einst üblich gewesen war. Guinevere schloss sie und die Kinder zum Abschied in ihre Arme. Vor allem Leonidas, Zoï und Evdoxía waren über den Abschied traurig, war die Königin doch über die langen Monate oft ihre Spielgefährtin gewesen. Am Ufer lagen zwei Curraghes bereit, die uns Comgall geschenkt hatte und die wir in den letzten Tagen bereits fertig beladen hatten. Die je sieben Meter langen, schlanken Boote bestanden aus einem kiellosen Holzspantengerüsten, die mit präparierten Ochsenlederhäuten bespannt waren, auch über den Oberseiten. Von der Mitte her konnte man sie wie Zelte öffnen. Zwei kleine Masten ragten an beiden Enden der Öffnung auf. Daran konnten Rahsegel gehisst werden, die die Boote antrieben. Gesteuert wurden sie mit Rudern von achtern aus.
„So lebt nun wohl und fahrt mit Gottes Hilfe zurück in eure Heimat“, verabschiedete sich Comgall von uns. „Wir haben viel gebetet und die Eucharistie gefeiert. Gott wird seine schützende Hand über euch halten.“

„Vielen Dank für alles“, antwortete ich mit belegter Stimme.
Wir verteilten uns gleichmäßig auf die Boote, wie wir es bereits abgesprochen hatten: Zusammen mit meiner Familie und ein paar Wikingern um Rolf ging ich auf das eine Schiff, Keïta fuhr mit Thorwald und dem Rest seiner Männer. Lanzelot und Erec schoben die Boote ins Wasser, während wir die Segel setzten und vor der steifen Briese nach Nordosten auf das offene Meer hinaussteuerten.

Während unserer Vorbereitungen hatte Thorwald seine Navigationsscheibe neu geeicht, mit deren Hilfe leitete er unsere beiden Curraghes sicher auf der warmen Meeresströmung vor dem Wind nordostwärts. Der kräftige aber eisige Wind trieb uns schnell voran und das Leben an Bord der beiden zerbrechlichen Boote spielte sich rasch ein. Erleichtert stellte ich fest, dass die präparierten Lederboote dicht hielten und Feuchtigkeit weder von unten noch von oben in den Schiffskörper drang. Wenngleich es uns nicht vor der Kälte schützte, und der eisige Regen durch die Öffnung drang, wenn wir sie aufschlugen, um die Segel zu korrigieren oder den Kurs zu überprüfen, blieben unsere Kleider und Lebensmittel wenigstens weitgehend trocken. Also blieb uns zumeist nicht viel anderes zu tun, als eng zusammenzurücken, um uns gegenseitig zu wärmen, denn Feuer konnte man hier natürlich keines machen. Stets musste jemand ein Auge auf unsere Kinder haben, denen das eintönige Dasein auf engstem Raum schnell zu langweilig wurde. Wir mussten sie aber daran hindern, aus dem Boot zu klettern, da wir sie nicht hätten bergen können, wenn sie durch Wind und Wellen über Bord gegangen wären. Zu unserer Erwartung, endlich wieder in die Heimat zurückzukehren, gesellte sich aber von Tag zu Tag eine größere Ungewissheit, ob wir unser Ziel auch nicht verfehlten. Das allerdings hätte niemand Thorwald gegenüber zu äußern gewagt. Sicher und mit einer mir unverständlichen Begeisterung über das wilde Wetter nahm er seine Messungen vor und dirigierte unsere Boote durch das tosende Meer. Für ihn war es darum auch keine Überraschung, als wir bereits 18 Tage nach unserem Aufbruch die grünen Inseln der Hebriden sichteten. Auch dort trafen wir an schwer zugänglichen Stellen auf Einsiedeleien irischer Mönche, die einen gehörigen Schreck bekamen, als sie den Curraghes Wikinger entsteigen sahen. Doch Thorwald und seine Männer, froh, ihre Abenteuer hinter sich und die Heimat vor sich zu wissen, blieben friedlich und zuvorkommend. Vereníki und ich erzählten ihnen von unseren Abenteuern, während sich Leonidas, Zoï und Evdoxía endlich unbeschwert austoben konnten. So wurden wir alle sehr gastfreundlich aufgenommen – aber mit derselben Furcht verabschiedet wie im Gelobten Land. Die Mönche hier mussten jederzeit mit dem Überfall von Norwegern von Island herüber rechnen. Nun begann der gefährlichste Teil unserer Reise. Zumeist bei Nacht und Nebel umschifften wir Schottland, stets auf der Hut vor Langschiffen oder auch nur von einfachen Fischerbooten. Sobald wir die Nordsee erreicht hatten, versenkte ich die Waffen meiner Gefährten im Meer. Nun kannte sich Thorwald wieder aus und steuerte strikt ostwärts, bis wir die Küste Norwegens erreichen würden.

Endlich sichteten wir Ende November im von Schneeregen verhangenen Himmel die steilen Berggipfel von Norwegen. Überglücklich, die gefährliche Überfahrt unbeschadet gemeistert zu haben, folgten wir der Küstenlinie. Noch immer mussten wir auf der Hut sein, denn jederzeit konnten wir vom Land aus erspäht und von beutegierigen Wikingern aufgebracht werden. Allerdings war das Wetter zu unserem Glück sehr schlecht – selbst wenn wir gesichtet wurden, war doch kein Dorf willens, für zwei kleine, irische Lederboote seine für den Winter an Land gezogenen Langschiffe zu Wasser zu lassen. So fuhren wir endlich am letzten Novembertag in den Hardangerfjord ein und erreichten das Land von Thorwalds Sippe. Nach der ersten Verwirrung über die Ankunft der Curraghes breitete sich rasch helle Freude über Thorwalds Rückkehr aus. Viele hatten ihn und seine Männer schon längst für verloren geglaubt. umso größer war das Erstaunen, als er seinen Verwandten die wenigen Reste Goldstaubes zeigte, die er durch unsere Abenteuer hindurch gerettet hatte.
Hier konnten wir uns nach den langen Entbehrungen wieder in Waschzubern mit heißem Wasser baden und

wärmende Kleider anziehen. Wir genossen die Abende am Herdfeuer mit deftigen Speisen und dem Vortrag der Skalden, die unsere Erzählungen in schöne Verse fassten. Mit großen Augen lauschten Leonidas, Zoï und Evdoxía den Liedern und Erzählungen und selbst die von der Sonne des Mittelmeeres verwöhnte Vereníki und Keïta aus Gana fühlte sich hier so wohl und geborgen wie schon lange nicht mehr. Unsere Ankunft wurde von den wandernden Skalden auch in die umliegenden Dörfer verbreitet. So dauerte es nicht lange, bis einer von ihnen uns einen Brief von Sämund aus Sogn überbrachte. In schönen griechischen Buchstaben ließ er mir seine überschwängliche Freude wissen und lud meine Familie und mich ein, bei ihm den Winter zu verbringen. Ich erzählte Thorwald davon. Jener wollte es sich nicht nehmen lassen, uns persönlich nach Sogn zu bringen. So ließ er ein Langschiff zu Wasser, als sich das Wetter vorübergehend besserte, um meine Familie und mich nach Sogn zu bringen.
Phantastisch bauten sich vor uns die Berge des Sognefjords auf. Nebelwolken hingen tief an den steilen, verschneiten Flanken, die aus dem dunklen Wasser aufragten. Es war Mitte Dezember. Mit Leonidas an Thorwalds Seite stehend spähte ich nach Sogn hinüber und spürten trotz der Kälte warme Freude. Unter dem gleichmäßigen Takt der Ruderer glitt das Schiff durch das spiegelglatte Wasser des stillen Fjords. In der Abendsonne glühten die umliegenden Höhen feurig und niemand vermochte zu sagen, wo die Berge in ihr Spiegelbild im Wasser übergingen. Bewegt erblickte ich erstmals das Gut Sogn vor uns; nach langer Zeit würde ich meinen Freund Sämund wiedersehen. Unwillkürlich erinnerte ich mich daran, wie ich, damals

noch sein Sklave, neben ihm an Bord seines Schiffes auf dem Warägerweg quer durch die Rus gestanden hatte. Sämund hatte mir von seiner Heimat vorgeschwärmt und nun sah ich alles mit eigenen Augen.

Ein Horn schallte von Sogn herüber. Menschen strömten am Ufer zusammen. Ganz vorne erkannte ich Sämund in seiner Wäringertracht. Die Ruderer hoben die Riemen hoch. Knirschend bohrte sich der Kiel des Schiffes in den Kies. Als ich über die Reling sprang, pochte Sämunds Herz bis zum Hals. Voll Freude schloss ich meinen alten Gefährten in die Arme.

„Yong Gan-de, mein Freund! Als ich dir damals meinen Brief schrieb und ihn unserem Lehrmeister Fotios gab, hätte ich nicht gedacht, dass ich dich hier tatsächlich einmal begrüßen dürfte!", rief Sämund fröhlich. „Auf, Leute! Wir wollen den großen Helden und seine Familie würdig empfangen! Schlachtet den Mastochsen und stellt ihn über den Herd! Sei gegrüßt, mein lieber Freund! Das hier ist meine leibe Mutter Ingrid. Ich erzählte dir von ihr. Einstmals in der Schlacht von Sonnenlade, hatte sie ihren Mann Sigfus Grimson, meinen Vater, verloren und auf der Fahrt zu den Römern ihren Sohn Harald, meinen Bruder."

„Natürlich", erwiderte ich und verneigte mich vor der vorzeitig gealterten Frau, deren blonde Haare schon viele graue Strähnen aufwiesen, wie es in Konstantinupolis vor der Kaiserin üblich war. Das entlockte dem herben Gesicht ein heiteres Lächeln.

„Ich stelle euch meine Frau Vereníki Dalasseni und meine Kinder Leonidas, Zoï und Evdoxía vor", erklärte ich, während Thorwalds Männer ihnen aus dem Schiff halfen. „Dann auch unsere Magd Klara und Keïta aus dem fernen

Land der Soninke im Süden. Mit uns zusammen sind Beide um die halbe Welt gereist. Nach meiner Verbannung kehren wir endlich wieder in Römische Reich zurück. Ich danke dir, dass wir den Winter über bei dir in Sogn bleiben dürfen."

„Ich war sehr betrübt, als du zur Ostgrenze geschickt wurdest und noch mehr, als ich von deiner Verbannung hörte", sagte Sämund. „Umso mehr freue ich mich jetzt, dass wir endlich wieder zusammen sind. Sei willkommen, du und deine ganze Familie!" Während wir uns von Thorwald verabschiedeten, nahmen Sämunds Knechte und Mägde unser Gepäck auf geleiteten uns in die Halle, wo man bereits das Feuer für den Ochsen anschürte, um unsere Ankunft zu feiern.

Die folgenden unbeschwerten Monate blieb ich mit Vereníki und den Kindern, Keïta und Klara auf Sogn. Ich wanderte und jagte mit Sämund in der verschneiten Winterlandschaft am Fjord, wobei Leonidas stets an meiner Seite war, um sich eifrig zu beweisen. Ingrid nahm sich rührend meiner Frau und Kinder an, unterhielt sich und spielte mit ihnen und fertigte hübsche Kleidungsstücke für sie an. An den langen Abenden am Feuer erzählte ich von meinen Fahrten und Abenteuern, von sagenhaften Reichen und Völkern im fernen Osten ebenso wie jenseits des Meeres. Natürlich wollten es sich die jungen Knechte nicht nehmen lassen, ihre Kräfte und Geschicklichkeit mit mir zu messen, sodass ich zusammen mit Sämund manchen Ringkampf zu bestreiten hatte wie einstmals bei Kaiser Michail in Konstantinupolis. Vor dem Gehöft hatte Sämund ein Geviert abstecken lassen, auf den wir Dressurlektionen mit seinen Pferden übten. Die Fjordpferde waren eher Ponys, falben mit einem

Aalstrich und stehender Mähne, die die Nordmänner zu kunstvollen Mustern schnitten. Sie waren natürlich nicht so klug wie den Vollblüter aus den kaiserlichen Stallungen, den Tieren des Gana oder mein Hu-li aus den Züchtungen Mawannahrs, aber sie waren durchaus schlau und gelehrig; wenngleich sie auch oft einen eigenen Kopf besaßen. Oft disputierte ich auch zusammen mit Vereníki, Keïta und Sämund, der nun regierender Fürst von Sogn war. Aufgrund seiner Bildung, die er bei Fotics genossen hatte, wurde er weithin „der Gelehrte" genannt.

Der nordische Winter war kalt, lange und vor allem dunkel. Nicht nur ich litt unter dem wenigen Licht der kurzen und zumeist trüben Tage, sondern genauso Vereníki, die in den warmen Ländern rund um die Ägäis aufgewachsen war. Zwar hatten wir die Winter Britanniens erlebt, doch hier oben im hohen Norden war die Dunkelheit noch viel drückender und wir freuten uns jeden Tag, wenn wir messen konnten, dass die Tage wieder länger wurden.

Der harte Winter wich für uns alle viel zu zögerlich dem Frühling des Jahres 878, verwöhnte uns dann aber mit einer Blütenpracht und Düften, die uns die Herzen erwärmte. Einerseits fühlten wir uns wohl und freuten uns auf den Sommer des Nordens, andererseits sehnten wir uns danach, endlich ins Römische Reich zurückzukehren – wenn nur nicht die neuerliche lange, beschwerliche Reise gewesen wäre, die nun vor uns lag. Also beschlossen Vereníki und ich, unsere Sachen zu packen und unsere Fahrt zu den Römern vorzubereiten. Das wiederum bedauerte Sämund.

„Yong Gan-de, willst du wirklich schon aufbrechen?", fragte er mich auf Griechisch. „Du könntest noch ein wenig bleiben. Gerade jetzt ist der Norden am schönsten."

„Was liegt dir auf der Seele, mein Freund?“, fragte ich einfühlsam.
„Ich bin nach Konstantinupolis gegangen und habe dort Vieles gelernt – nicht zuletzt von unserem Mentor Fotios“, begann Sämund mit bedächtigen Worten. „Immer wieder ertappe ich mich, dass ich wehmütig an die Zeit in der Hauptstadt zurückdenke. An diese schönste aller Städte, an ihren Glanz, ihre Kultur und Gelehrsamkeit. Auch wenn ich mir hier auf Sogn eine kleine Bibliothek aufgebaut habe, fühle ich mich einsam. Gewiss, ich genieße viel Achtung und Bewunderung unter meinen Leuten und Nachbarn für meine Bildung. Aber was mir fehlt, ist jemand, mit dem ich das wirklich teilen kann. Selbst die Bischöfe und Äbte Norwegens können das nicht.“
„Ich verstehe dich“, antwortete ich. „Bildung ist eine Aufgabe. Sie erkennt und erfährt die eigenen Grenzen. Und oft schmerzt das einen.“
„Gerne würde ich euch hier halten wollen, Vereníki und dich – wenigstens für ein, zwei Jahre“, fuhr Sämund fort. „Du könntest sogar hohe Ämter im Königreich bekommen. König Haakon hat sich mir anvertraut. In den letzten zehn Jahren haben er und sein Bruder Harald Graufell ihrem Vater, König Harald Schönhaar, viel und aufopfernd beim Aufbau des geeinten Königreiches geholfen. Seit Schönhaars Tod vor drei Jahren haben sie seine Arbeit beharrlich fortgesetzt. Aber sie machten sich damit auch viele Feinde, die das ganze Königshaus am liebsten beim Teufel sähen. Haakon und Harald fürchten um die Früchte ihres Wirkens. Mit deinem Wissen um Verwaltung und Rechtsprechung könntest du dir viel Ruhm und Achtung erwerben.“

„Verstehe mich bitte nicht falsch, aber auch wenn ich den neuerlichen Aufbruch auf eine lange Reise fürchte, hält mich nichts hier im Norden“, antwortete ich offen, weil ich in Sämund einen wirklichen Freund wusste. „Ich bin im Reich der Mitte aufgewachsen, in einer sehr kultivierten Gesellschaft, die alle Länder außerhalb der Grenzen als Barbarenland einschätzt. Ich bin viel in der Welt herumgekommen und habe meine Ansichten geändert. Ich habe die Städte der Seidenstraße gesehen und Mawannahr; in der Königin aller Städte habe ich wie du am Kaiserhof gedient und dort einen Ort gefunden, der sich mit Chang-an messen lässt. Selbst die Kultur in Camelot hat meine Achtung errungen und das Reich des Gana auch. Auch wenn ich zahlreiche Nordmänner wie Knut, Thorwald oder dich kennen- und schätzen gelernt habe, möchte ich hier im Norden aber trotzdem nicht leben müssen. Es zieht mich zurück an den Bosporus oder an die Gestade der Ägäis. Dort ist Veroníkis Heimat und dorthin sehnt sie sich zurück. So wie sie mir in die Verbannung gefolgt ist, so möchte ich jetzt ihrem Wunsch entsprechen, um dort mit ihr zu leben. Außerdem bin ich es Keïta schuldig, ihm die Reise nach Kairouan zu ermöglichen.“
„Weil wir hier also Barbaren sind und in der Wildnis hausen?“, lachte Sämund. „Einen Han-Chinesen kann man eben nicht allzu weit von seiner Heimat neu einpflanzen.“
„Nein“, gab ich unumwunden zu. „Sämund, ich habe dich als Gefährten schätzen gelernt und ich danke es dir immer noch aufrichtig, dass du mir, der ich dein Sklave war, die Freiheit geschenkt hast. Aber ich bin nun einmal ein Han und werde es alle Tage meines Lebens bleiben.“

„Entschuldige“, antwortete Sämund heiter. „Ich hatte es vergessen. Ich dachte an unsere Zeit bei Meister Fotios und hatte einen Augenblick geglaubt, ich könne Vereníki und dich hier halten, um mit euch ein wenig vom Glanz Konstantinupolis‘ in Sogn aufleuchten zu lassen. Aber du hast natürlich Recht. Und ich will euch nicht halten.“
„Aber es ist dem Herrn von Sogn doch gewiss erlaubt, seine Freunde in der Kaiserstadt zu besuchen, wenn alle Verwaltungsgeschäfte am Fjord geordnet sind“, erwiderte ich. „Es wird in unserem Haus immer einen Platz für dich geben und gewiss auch eine reichhaltige Bibliothek, in der du lesen und mit uns disputieren kannst. Ich weiß gar nicht, ob es hierzulande jüdische Kaufleute gibt. Durch meine guten Beziehungen zu den Randanija könntest du zuverlässig Briefe an mich schicken. So könnten wir auch weiterhin in gelehrtem Kontakt bleiben.“
„Ich verstehe schon“, entgegnete Sämund. „Dann besuche auch Fotios und grüße ihn von mir.“ Breit grinsend schlug er mir auf die Schulter. „Ich werde einen Boten zu Thorwald schicken. Er soll euch mitnehmen, wenn er wieder auf Römerfahrt geht.“
Es war Mitte Mai, als Thorwalds Männer ihr Schiff in das stille Wasser des Sognefjords stießen. Sämund mit seiner Mutter und all seine Mägde und Knechte waren zur Anlegestelle gekommen, um uns zu verabschieden. Einmal mehr mussten sich unsere Kinder von Ingrid und ihren zahlreichen neuen Spielkameraden verabschieden. Vereníki und ich hofften für sie, dass es das letzte Mal sein würde. An der Seite meiner Frau stand ich am Bug und suchte Sämunds Blick. Ich winkte ihm ein letztes Mal zu, ehe die Ruder ins Wasser tauchten und unter den derben Gesängen der Nordmänner das Wasser schaumig schlugen.

In den nächsten Wochen durchquerte unser Schiff die Ostsee und folgten dem Warägerweg zum Schwarzen Meer. Wie schon damals, als ich mit Sämund, seinem Bruder Harald, Egil von Leikanger und Woldemar zur Kaiserstadt gefahren war, führte unser Weg nach Nowgorod, wo immer noch der greise Rurik zusammen mit seinem Sohn Oleg die Herrschaft über Garadrike führte. Thorwald ließ es sich nicht nehmen, dem Fürsten seine Aufwartung zu machen, weil er Geschäfte mit den hiesigen Machthabern witterte. Ich verzichtete aber darauf. Ich hatte kein Verlangen, jenem Mann gegenüberzutreten, der mich nach dem Tod von Ölvin dem Bären als Sklaven besessen hatte. Auch nicht, obwohl ich ihm meine Leben verdankte, denn ohne sein Einschreiten, hätte mich sein Bruder Truwor nach meiner Ergreifung töten wollen, weil er in mir den Mörder Ölvins sah. Unser Weg führte einmal mehr über die Verladungen zwischen den Flüssen und vorbei am Ort Gnetzdowo. Viele Erinnerungen an die damalige Reise kamen mir wieder in den Sinn wie Haralds barbarischer Bestattung. Wir landeten in Kiew, wo ich den alten Fürsten Dir besuchte, fuhren durch die Stromschnellen und zur Warägerinsel, bis wir endlich am Gestade des Schwarzen Meeres unsere leichten Flussboote wieder gegen ein Langschiff tauschten, auf dem wir zur letzten Etappe der Reise das Meer südwärts durchquerten. Ende Juli ruderte unser Schiff durch den Bosporus und steuerte ins Goldene Horn unterhalb von Konstantinupolis‘ Mauern. Schon als ich von weitem die Kuppeln der Aja Sofia im milden Sonnenlicht leuchten sah, wurde ich von großer Freude erfüllt. Wie auch Verenìki hatte ich das Gefühl, nach langer Wanderschaft durch die Barbarenländer wieder in die Zivilisation zurückgekehrt zu sein.

Am Hafen verabschiedeten wir uns von Thorwald und seinen Mannen, da sie nach einem kurzen Handelsaufenthalt weiter ins Mittelmeer fahren wollten. Ihr Ziel war Kairouan nahe der alten Stadt Karthago. Dorthin wollten sie den Soninke Keïta bringen, mit dem sie inzwischen alle eine enge Freundschaft verband. Nachdem Keïta mit uns um die halbe Welt gereist war, sah er jetzt voll Sehnsucht seinem lange anvisierten Ziel entgegen. Also mussten wir am Hafenkai auch von ihm Abschied nehmen. Mit Vereníki, Klara und unseren Kindern mietete ich ein stattliches Palais nahe dem Peramatistores und suchte um eine Audienz bei Kaiser Vasilīos nach. Die Tage des Wartens oberhalb des Goldenen Horns bei warmen Wetter und mildem Wind genoss ich in vollen Zügen. Ich spazierte durch die dichtgedrängten Gassen der Hafenviertel, wanderte nach Studion hinüber und traf mich mit dem Mönch Evthichios, den ich seit meiner Zeit im fernen Hami kannte und besuchte die großen Kirchen wie die Aja Sofia, dieses wunderbare Gotteshaus, das mich schon während meiner Zeit als Wäring in seinen Bann gezogen hatte. Nach etwa einer Woche erhielt ich eine Einladung von Patriarch Fotios in seinen Amtssitz. Zusammen mit Vereníki ging ich zu ihm und begrüßte meinen Freund so innig, wie es die Etiketten gestatteten. Denn es hatte mich nach der Machtergreifung des Vasilīos sehr geärgert, dass der neue Kaiser meinen hochgeschätzten Freund aus dem Patriarchenamt entlassen hatte. Er hatte das getan, um im Westen beim Papst Verbündete gegen die Araber zu gewinnen. Fotios hatte das mit Gleichmut erduldet. Zehn Jahre später aber hatte Vasilīos Fotios erneut zum obersten Hirten des Römischen Reiches berufen, was natürlich meine volle Zustimmung hatte. In meinen Augen war dieser gescheiteste aller Gelehrten westlich von Dun-huang der beste Mann für dieses hohe Amt und entsprechend groß war meine Freude, ihn wieder zu treffen. Fotios bereitete uns einen herzlichen Empfang und hörte sich geduldig und interessiert all unsere Erlebnisse an. Das beflügelte mich in meiner Redseligkeit, sodass ich wohl Stunden von meinen Abenteuern und Reisen berichtete.

„Ich war sieben Jahre fort“, schloss ich endlich. „Der Kaiser hatte mir bei unserem Abschied zugesagt, ich dürfe nach Ablauf meiner Verbannung wiederkommen. Nun höre ich aber nichts von ihm oder seinem Sohn Konstantinos, seit ich um eine Audienz gebeten hatte.“

„Er hat mich gebeten, dich zu empfangen“, antwortete Fotios. „Er will dich nicht empfangen, weil du ihn an eine große Wunde in seiner Seele erinnerst.“

„Hat ihn meine Tat, die er Verrat nennt, so schwer getroffen?“, fragte ich überrascht. „Oder ist er nachtragen geworden über die Jahre?“

„Das ist es nicht“, erwiderte Fotios milde. „Du kannst es noch nicht wissen. Der Mitkaiser Konstantinos, des Herrschers ältester Sohn, ist vor wenigen Monaten überraschend gestorben.“

„Konstantinos? Mein Freund, mein Jonathan, der mir wie ein Bruder war?“, rief ich bestürzt. „Dann verstehe ich die Trauer des Kaisers. Wie konnte das passieren?“

„Eine schwere Krankheit hat ihn gepackt und dahingerafft“, sagte Fotios. „Seit Konstantinos’ Tod vergräbt sich der Kaiser in Depressionen und es will ihm nichts mehr wirklich Freude machen. Zwar ist die Nachfolge des Reiches durch seine zwei jüngeren Söhne Leōn und Aléxandros gesichert. Vasilīos fühlt sich nun aber in seiner Politik gescheitert.“

„Weil er vermutet, dass Leōn nicht sein Sohn ist", entgegnete ich leise. Fotios nickte stumm.
„Die beiden Knaben sind auch sehr klug und gelehrig", fuhr Fotios fort. „Ich war ja in den zurückliegenden zehn Jahren mit ihrer Erziehung betraut. Gut Aléxandros neigt zum Jähzorn aber Leōn ist sehr ausgeglichen und wird einmal eine würdiger Nachfolger seines Vaters werden, da bin ich mir sicher."
„Aber gerade da meint Vasilīos ja, dass er ein Sohn seines Vorgängers Michail ist, der mit seiner Braut das Nachtlager geteilt hatte."
„Es ist doch eigentlich belanglos, ob Leōn von ihm gezeugt wurde oder nicht", erwiderte Fotios abwinkend. „Leōn selbst empfindet sich als sein Sohn und außer dem Kaiser und uns beiden weiß niemand um dieses Geheimnis."
„Also ist und bleibt er für die Nachwelt der Begründer der neuen Dynastie und das Römische Reich genießt hohes Ansehen überall in der Welt", meinte ich.
„Das ist wahr", bestätigte Fotios. „Überall entfaltet sich eine rege Bautätigkeit. Kirchen, Paläste und Wohnhäuser stehen allerorts hinter Baugerüsten, weil sie renoviert werden. Im Gelände des Großen Palastes, direkt hinter dem Avgustīon und der Magnavra-Universität ragen die Kuppeln der Nea Basilika in den Himmel, mit der der Kaiser neue Maßstäbe für Kunst und Architektur gesetzt hat. Darüber hinaus beginnen die römischen Truppen mehr und mehr Boden von den Bedrängern im Norden, Osten, Süden und Westen zurückzugewinnen. Konstantinupolis lässt ein neues geistiges und kulturelles Flair verspüren, das für die kommende Zeit Großes verheißt."
„Und das ist auch der Grund, weshalb ich beim Kaiser um eine Audienz nachgesucht hatte", hakte ich ein. „Als er

mich verbannte, sagte er mir zu, ins Reich zurückkehren zu dürfen. Ich möchte mich erneut in den Dienst des Kaisers stellen."

„Das ist auch der Grund, warum er mich gebeten hat, dich an seiner Stelle zu empfangen", verkündete Fotios. „Alle Zeit, die der Herrscher entbehren kann, investiert er in eine umfassende Reform des Rechts, das seit Justinians Tagen durch zahllose, sich zum Teil widersprechende Dekrete und Gesetze überwuchert wurde und darum einer dringenden Systematisierung bedarf. Es waren ja deine Vorschläge, die Vasilīos dazu bewogen hatten, diese Reform anzustoßen. Sie ist bereits weit fortgeschritten. Er wünscht aber, dass du darüberschauen und weitere Anregungen erarbeiten sollst, damit die Reform zu einem guten Abschluss kommt."

„Dann bist du endlich da angekommen, wohin du immer wolltest", meinte Vereníki. „Zumeist war es deine Kampfkunst als Schwertmeister, die von deinen Auftraggebern gefragt war. Aber von Anfang an wolltest du vor allem als Zivilbeamter Recht und Gerechtigkeit walten lassen. Nun also hast du eine Aufgabe gefunden, in der du genau das erfüllen kannst." Ich pflichtete meiner Frau lächelnd bei.

„Sehr schön", seufzte Fotios. „Dann kommt jetzt mit mir." Fotios ließ nach einem Diener schicken, der uns zu einer schönen Villa nahe der alten Akropolis führte, die der Kaiser uns als Wohnsitz zur Verfügung stellte. Von der Dachterrasse konnte ich das Goldene Horn und den Bosporus überblicken. Auf der anderen Seite, zwischen den Pinien und Ruinen des alten, paganen Kultzentrums hindurch konnte ich den Großen Palast und die Wäringerkaserne erkennen. Ich atmete tief durch und schloss meine geliebte Vereníki in die Arme: Nach langen Jahren der Wanderschaft fühlte ich mich endlich angekommen.

Karten

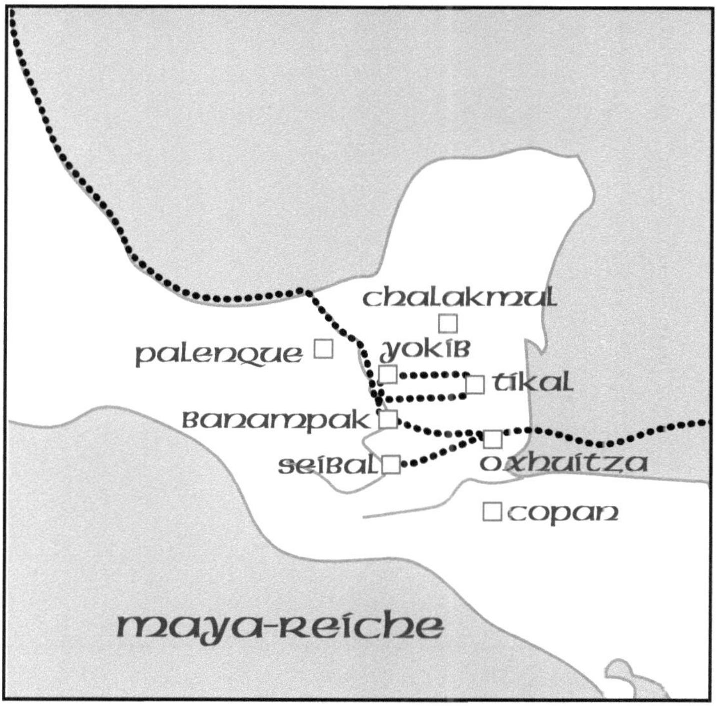
chalakmul
palenque
yokib
tikal
Banampak
seiBal
oxhuitza
copan
maya-reiche

Powhatan
Kituwah
Chahta
Das gelobte Land
Tikal
Oxhuitza
Seibal
Maya-Reiche

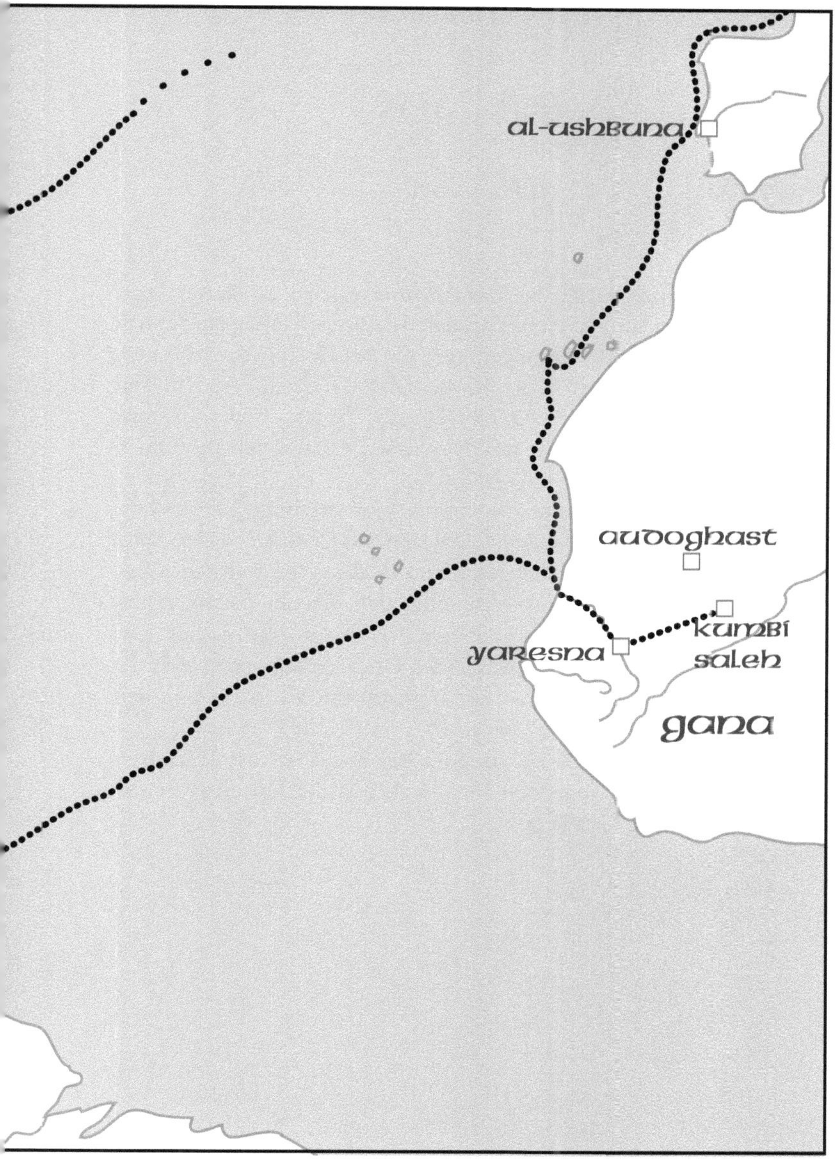
al-ushbuna
audoghast
kumbi
saleh
yaresna
gana

Georg Glonner

Iraklonas

Der Rebell

Stolz, dem Himmelsreich als Zivilbeamter dienen zu dürfen, tritt Yong Gan-de im Jahre 858 eine Stelle in der Provinz Hong an. Schnell erkennt er, dass die Militärgouverneure die Bauern rücksichtslos ausbeuten. Beseelt von dem Wunsch, den Unterdrückten Gerechtigkeit zu verschaffen, ergreift er für rebellierende Bauern Partei. Er reist in die Hauptstadt Ch'ang-an, um dem Sohn des Himmels persönlich Bericht zu erstatten.

Doch die Militärgouverneure haben am Hof mächtige Verbündete. Yong Gan-de muss mit seinen Gefährten aus dem Reich der Mitte fliehen. In den Oasenstädten des Tarim-Beckens lernt er den römischen Soldaten Efräm kennen, der ihm den Namen *Iraklonas* gibt. Gemeinsam befreien sie den jüdischen Kaufmann Jeschua ben Malik aus der Gewalt des Uiguren Kondia. Doch Kondia rächt sich: Er nimmt Yong Gan-de gefangen und verkauft ihn als Sklaven an den russischen Pelzjäger Ölvin.

Kenntnisreich und detailliert zeichnet der erste Teil der Iraklonas-Saga ein lebendiges Gemälde Chinas während der letzten Jahre der ruhmreichen T'ang-Dynastie.

Verlag Georg Glonner

Georg Glonner

Iraklonas

Wäring des Kaisers

Nachdem sein Herr von Banditen getötet wurde, wird der versklavte chinesische Schwertmeister Yong Gan-de Iraklonas von Fürst Rurik an den Norweger Sämund verkauft, damit er ihm und seinen Kameraden als Dolmetscher im Oströmischen Reich diene. Auf dem Weg durch die Kiewer Rus erwirbt er sich als tapferer Kämpfer die Achtung der Wikinger und wird von ihnen frei gelassen.
Mit seinen neuen Gefährten reist er in die Kaiserstadt Konstantinupolis und tritt dort in die kaiserliche Leibgarde der Wäringer ein. Bald schon wird man auf ihn aufmerksam. Der Patriarch Fotios erwählt ihn als Schüler und Kaiser Michail III. ernennt ihn zum Hauptmann. Als Iraklonas Zeuge der Ermordung des Kaisers wird, muss er sich entscheiden, ob er sich dessen Mörder und Nachfolger Vasilios anschließen will.
Der zweite Teil der Iraklonas-Saga führt den Leser historisch zuverlässig und lebendig durch die Welt des Oströmischen Reiches zu Beginn der Makedonischen Dynastie.

Verlag Georg Glonner

Georg Glonner

Iraklonas

Der Akrite

Der chinesische Schwertmeister und Wäringerhauptmann Yong Gande Iraklonas wird von Kaiser Vasilīos in das wilde Tauros-Gebirge geschickt, um einen kaiserlichen Feldzug an den Euphrat vorzubereiten. Zunächst muss er sich unter seinen eigenen Soldaten, den arabischen Emiren und römischen Akriten in seiner Umgebung Respekt verschaffen und sogar die Sklaverei erdulden. Aus politischem Kalkül hilft Abdullah, der Emir von Meliténi bei Iraklonas' Befreiung. Daraus entwickelt sich eine enge Freundschaft über die Grenzen hinweg. Während der Belagerung der Paulikianerfestung Thefríki rettet Iraklonas die schöne Veroníki Dalasseni. Er gewinnt Veroníkis Liebe, zieht sich dafür aber den Hass ihres Vaters, des einflussreichen Akriten Stavrakios Dalassenos zu. Aus Rache bezichtigt Stavrakios Iraklonas wegen seiner Freundschaft zu Emir Abdullah des Hochverrats. Iraklonas wird aus dem Römischen Reich verbannt und muss für sich und seine kleine Familie eine neue Heimat suchen.
Der dritte Teil der Iraklonas-Saga lässt dem Leser kenntnisreich den Nahen Osten zu Beginn der römischen Offensivpolitik im späten 9. Jahrhundert lebendig werden.

Verlag Georg Glonner

Georg Glonner

Iraklonas

Herculla der Römer

Fünf Jahre ist der chinesische Schwertmeister und Akrite Yong Gande Iraklonas aus dem Römischen Reich verbannt. Er geht mit seiner Frau Vereníki und seinem kleinen Sohn Leonidas ins britische Reich von König Artus. Im Auftrag des Königs bekämpft er rebellische Kleinkönige, wehrt irische Invasoren ab. Für seine Dienste wird er zum Ritter geschlagen und in die Gemeinschaft der Tafelrunde aufgenommen.
Auf Artus' Befehl unterstützt er mit seinen Freunden Gareth und Galawdewos den Angelsachsenkönig Alfred von Wessex gegen die Dänen in Mittelengland. Seine Eroberung der Burg Derby ruft Ivar Ragnarson, den König von Dublin auf den Plan. Die nun folgende Doppelschlacht, durch die Ivar und Hardeknut von Derby ihr Ende finden, markiert den Höhepunkt des Reiches von Camelot.
Der vierte Teil der Iraklonas-Saga entführt den Leser in gewohnt kenntnisreicher und bildgewaltiger Sprache in das legendäre Königreich von Camelot und verortet es in der Zeit der Kämpfe zwischen Angelsachsen und Dänen um die Vorherrschaft über England.

Verlag Georg Glonner

Georg Glonner

Iraklonas

Ritter der Tafelrunde

Mit dem plötzlichen Verschwinden Merlins und der Rückkehr Lanzelots von seiner Abenteuerfahrt beginnt der Niedergang Camelots. König Artus‘ unehelicher Sohn, Mordred von Orkney und Lothanien, entfaltet ein Intrigenspiel um die heimliche Liebesbeziehung zwischen Königin Guinevere und dem Ritter Lanzelot, um so die Tafelrunde zu entzweien und selbst die Krone von Camelot zu gewinnen.

Yong Gan-de Iraklonas wird als Ritter der Tafelrunde Zeuge, wie Guinevere wegen Verrats zum Tode verurteilt und durch Lanzelot vom Scheiterhaufen gerettet wird, dabei jedoch versehentlich Gawains Brüder Gareth und Gaheris tötet. Die Fehde zwischen Lanzelot und Gawain droht das Königreich zu zerreißen. Iraklonas versucht zwischen den Kontrahenten zu vermitteln, kann aber das Verhängnis nicht aufhalten. Auf dem Berg von Avalon sucht er nach dem Heiligen Gral und kämpft auf dem Schlachtfeld von St. Austell.

Auch der fünfte Teil der Iraklonas-Saga entführt den Leser in detailreicher und bildgewaltiger Sprache ins England des 9. Jahrhunderts, in dem der tragische Untergang des legendären Königreichs von Camelot verortet wird.

Verlag Georg Glonner